나는 신자인가

나는 신자인가

발행일	2021년 9월 20일
지은이	이철규
펴낸이	양남식
감수자	서학량
펴낸곳	젠틀레인
출판등록	2017년 1월 12일(제2017-000006호)
주소	경기도 고양시 덕양구 덕수천 1로 37 1815동 703호
홈페이지	www.rpkorea.org
이메일	gentlerain@rpkorea.org

편집/디자인 (주)북랩
제작처   (주)북랩 www.book.co.kr

ISBN   979-11-963115-3-7 03230 (종이책)

잘못된 책은 구입한 곳에서 교환해 드립니다.
이 책은 저작권법에 따라 보호받는 저작물이므로 무단 전재와 복제를 금합니다.

나는 신자인가?

이철규 지음

젠틀레인

나의 아내
박성희에게

추천사

 목사로 부름받을 때부터 하나님과 약속한 대로 정확히 30년을 주님의 종으로 섬기다가 은퇴를 하자마자 코로나 사태를 맞이했다. 코로나 사태로 인해 이 땅의 모든 교회들이 뿌리부터 흔들리는 경험을 하게 되었다. 지금까지 예배당이 곧 교회라고 인식하던 대부분의 교인들이 예배당으로 모이지 못하는 상황으로 인해 엄청난 충격을 받았다. 모여서 드리는 예배에만 길들여져 있다가 모이지 못하는 상황이 되니 마치 교회가 사라져 버렸다는 생각이 드는 것은 지극히 당연한 현상이다. 다행히 코로나 사태가 진정되어가면서 교인들이 서서히 예배당으로 모이기 시작하고 있다. 하지만 이제부터 교회는 코로나 이상의 어려움을 겪게 될 것이 분명하다. 그 이유는 지금까지 교회가 예배당 중심으로 이루어졌기 때문이다. 이번 코로나 사태는 예배당으로서의 교회는 언제든지 무너질 수 있다는 인식을 교인들에게 심어주기에 충분했다. 이런 위기는 교회가 무너질 수 있는 계기가 될 수 있지만 다른 한편으로는 교회를 더 교회답게 세워갈 수 있는 절호의 기회가 될 수도 있다.

교회를 교회답게 세워가려는 것을 가리켜 개혁주의라고 말한다. 개혁주의는 교회가 잘못되었다고 꼬집고 비판하는 것만을 말하지 않는다. 개혁주의는 내가 틀릴 수 있고, 내가 섬기는 교회가 틀릴 수 있다는 낮은 마음에서부터 시작한다. 하나님 말씀에 비추어볼 때 틀렸다면 언제든지 회개하고 말씀으로 다시 돌아가는 마음이 바로 개혁주의자들의 마음이다.

이 마음을 가진 분이 바로 이철규 장로님이다. 장로님을 만난 것은 그리 오래되지 않았지만 같은 개혁주의자들로서 가지고 있던 마음이 서로 통해서 자주 의견을 주고받는 사이가 되었다. 내가 알고 있는 장로님은 말씀 앞에 끊임없이 자신을 살피시는 분이다. 그리고 하나님의 말씀에 비추어 볼 때 무엇이 과연 옳은 것인지를 두고 끊임없이 고민하는 분이다. 어떤 때는 너무 집요하게 질문해서 난감할 때도 있었다. 하지만 그럴지라도 장로님이 가진 개혁주의적인 마음이 너무도 귀하기에 최선을 다해 하나님의 뜻을 찾으려고 함께 고민한 적이 많았다. 이러한 장로님께서 조심스럽게 개혁주의자의 관점에서 본 오늘날의 교회와 교회 안에서 이루어지고 있는 여러 가지 일들에 대한 자신의 생각, 그리고 개혁주의자들의 저서를 연구하여 모은 글들을 엮어 이 책을 집필하게 되었다는 소식을 들었다. 책을 집필하는 과정에서부터 부족한 종에게 추천사를 부탁하시기에 흔쾌히 수락을 하고 이렇게 추천의 글을 쓰게 되었다.

개인적인 바람이 있다면 이 책이 교회의 교회다움을 회복하는

데 조금이라도 기여하는 것이다. 웬만한 목회자치고 이 책에 나오는 내용을 모르는 목회자는 없다고 믿는다. 하지만 목회 현장에서 개혁주의적 관점에서 말씀을 전하고 목회를 하는 목회자는 그리 많지가 않다. 왜냐하면 이론적으로는 알지만 실질적으로 목회에 적용하려면 지금까지 누리던 모든 기득권을 내려놓아야 하는 용기와 결단이 필요하기 때문이다. 세상의 기준으로 목회의 성공과 실패를 저울질하는 이 시대 속에서 세상의 기준이 아닌 하나님 말씀의 기준으로 목회를 하는 것은 생각처럼 쉬운 일이 아니다. 그럼에도 불구하고 이 책이 다시 한번 교회로 하여금 교회다움을 회복하는 계기를 마련해주고 이 시대 목회자들이 다니엘의 세 친구들처럼 '그리 아니하실지라도'의 심정으로 하나님의 말씀으로 다시 돌아가는 계기를 마련해주기를 간절히 바라는 마음으로 추천의 글을 쓴다.

은퇴 목사 최병걸

시작하며

» 실례 ①

미국 펜실베니아 주에 있는 한 한인 교회의 구역 성경 공부 시간에 있었던 일이다. 한 구역원이 말씀의 중요성을 강조하자, 다른 구역원은 "성경 지식보다 우리는 믿음만 있으면 됩니다!"라고 외쳤다. 말씀보다 믿음의 중요성을 강조하는 이 말에 대부분의 구역원들도 동조하는 분위기였다. 필자도 그 자리에 있었다. 과연, 성경이 가르치는 믿음은 무엇일까? 정말, 개인의 믿음이 성경보다 중요한 것일까?

» 실례 ②

다른 한인 장로교회에서 찬양 목사가 인도하는 집회가 열렸다. 집회 첫날, 목사는 "예배의 꽃은 찬양입니다"라고 말하며 찬양 인도를 시작했다. 그는 복음성가만 사용하여 집회를 인도했다. 그런데 성경은 정말 찬양 목사의 직분에 대해 언급하고 있는가? 진정 찬양이 예배의 꽃이라고 성경은 말하고 있는가? 혹시, 성경은 하나님을 찬양하는 노래에 대해 가르치고 있는 것은 아닌가?

» **실례 ③**

주일 예배를 마친 후 친교의 시간에 몇몇 교인들이 율법에 대한 이야기를 나누고 있었다.[1] 한 교인이 율법은 구약 시대에만 유효하며 신약 시대에는 효력이 없으므로 지킬 필요가 없다고 주장했다. 그리고 성도란 율법이 아니라 믿음으로만 구원받는다는 것을 강조했다. 대부분의 교인들도 이에 동의했다. 언뜻 들으면 맞는 말 같기도 하지만 여전히 궁금하다. 율법은 그저 구약 시대의 유물에 지나지 않는가?

» **실례 ④**

교회 사무실에서 목사와 시무 장로들이 세례 대상자들에게 세례 문답을 하고 있었다. 예비 세례자들은 기독교의 기본적 교리를 제대로 알고 있지 못했다. 단지 각자 받은 세례 문답서의 몇 가지 핵심 내용만을 외우고 있는 수준이었다. 그럼에도 목사와 장로들은 모든 대상자들에게 세례를 주기로 결정했다. 필자도 그 예비 세례자들 중 한 명이었고, 그런 과정을 통해 세례를 받게 되었다. 그러나 성경은 세례에 대해 어떻게 가르치고 있을까?

» **실례 ⑤**

미국 뉴욕에 있는 한인 장로교회에서 성찬식을 했다. 담임 목사는 세례를 받았는지 여부와 상관없이 교회에 온 모든 사람이 성찬식에 참여할 수 있다고 공식적으로 선포했다. 그리고 여자 권사들이 장로들과 함께 성찬식

---

1) 필자는 이 책에서 교인과 신자를 구별한다. 교인은 신자와 불신자 모두를 포함하지만, 신자(또는 성도)는 필연적으로 구원을 받는 하나님의 택자를 지칭한다.

을 집례했다. 성경은 성찬식에 대해 무엇을 기록하고 있는가? 그리고 성경은 권사의 직분에 대해 어떻게 설명하고 있는가?

» **실례 ⑥**

믿음은 무엇인가라는 질문에 답을 하는 교인들을 찾기가 어려웠다. 교회에 출석하면 자연스럽게 믿음이 생기고, 예수를 믿는다고 고백하면 천국에 갈 수 있는가? 무엇이 교인들로 하여금 자신들의 믿음에 대해 지나친 자신감을 심어주었을까? 성경은 믿음에 대해 무엇을 가르치고 있을까?

» **실례 ⑦**

교회에 나간 직후부터 사업도 잘되고, 아이들도 좋은 대학교에 합격했다는 간증들을 심심치 않게 들어왔다. 어떤 사람은 불치병도 낫고 아주 건강해졌다고도 했다. 미국의 기독교 방송에서도 소위 TV 복음 전도자들이 치유의 기적들을 과시하며 기부금을 요구한다. 그들은 일정량의 씨앗을(결국은 돈을 의미한다) 뿌리면 주님께서는 백 배, 천 배로 돌려주신다며 시청자들을 현혹한다. 과연 주님을 영접하기만 하면 만사형통하고 불치병도 낫게 될까? 이에 대한 증거가 성경의 어디에 있는가?

» **실례 ⑧**

어느 직분자의 아내가 중병으로 인해 오랜 시간 병상에 누워 있었다. 같은 교회의 한 여자 교인이 간호를 돕기 위해 그 가정을 방문하기 시작했다. 그러던 중 여자 교인과 직분자가 바람이 났다는 소문이 교회에 퍼졌고, 결국 그 소문은 사실로 드러났다. 그런데 목사를 포함한 교회 지도자들은 이 문제에 대해 침묵했다. 성경은 이러한 성적 타락에 대해 무엇이라고 말할까?

» **실례 ⑨**

한 안수 집사는 지난 수년간 새벽 기도 모임과 수요 예배, 금요 예배, 주일 대예배는 물론이고 교회의 여러 부서에 참여하여 활동하였기에 그해의 장로 공천에 자신이 충분히 포함되리라 굳게 믿고 있었다. 하지만 그는 공천에서 탈락했다. 그의 실망은 분노가 되어 교회 출석까지도 거부하는 지경에 이르렀다. 결국, 목사와 장로들의 거듭된 설득으로 다시 교회에 나오게 되었고 이듬해에 장로로 선출되었다. 성경의 토대 위에서는 장로와 집사 같은 직분을 어떻게 이해해야 할까?

위에서 언급한 아홉 가지의 예들은 필자가 직·간접적으로 경험한 일들이다. 아마도 독자들 역시 비슷한 경험을 갖고 있으리라 감히 짐작한다. 필자는 44세가 되던 1994년, 전형적인 한인 장로교회에서 세례를 받고 다른 교인들과 다를 바 없는 신앙생활을 시작했다. 사람이 환경의 지배를 받듯, 필자 역시 신앙생활에 첫발을 내딛었던 그 장로교회의 제도와 교육으로부터 적잖은 영향을 받았다. 그렇게 십수 년이 지나고, 하나님의 섭리 속에서 2008년부터 2013년까지 RPCNA(Reformed Presbyterian Church of North America, 북미개혁장로교회)의 교단 산하 신학교에서 개혁 신학과 장로교주의를 배울 기회를 얻었다. 개혁 신학은 종교개혁을 체계화한 제네바의 신학자 존 칼빈(John Calvin)의 신학에 기초를 두고 있다. 한편 장로교회란 성경의 가르침을 근거로 둔 교회의 정치 체계를 의미한다. 개혁 신학은 필자의 어두웠던 눈을 열어주었고 다수 목사들과 신학자들의 납득하기 어려운 설교와 성경 해석에 대한 의문에 답을 찾아주었다. 또한 기존에 가지고 있던 신앙관의 오류를 바로잡게 하는 등 큰 깨우침을 주었다. 그리고 교인의 숫자만을 부흥의 척도로 삼아 교회의 문턱을 낮추고 교인 수를 불리는 데만 급급한 현대 교회의 문제점들에 대해서도 알 수 있게 해주었다. 덕분에 앞서 언급한 사례들처럼 현대 교회에서 일어나고 있는 의문스러운 예배와 교회 직분, 그리고 치리(治理) 등에 대해 진지하게 고민할 수 있게 되었다. 그리고 그에 대한 몇 년 간의 지적, 영적인 몸부림을 통해 얻을 수 있었던 성경적 답변들을 이 책에 담아보고자 하였다.

  이 책의 구성은 이렇다. 먼저 개혁 신학에 대해 간략하게 소개한 후 개혁 신학이 말하는 진정한 교회의 징표를 살펴보고자 한다. 다음으로는 진정한 교회의 머리 되시는 예수님께서 주님의 백성을 위해 하신 일들과 교회와 관련해서 생각할 수 있는 실제적인 이슈들, 욥기를 통해 배우는 성도들이 겪는 고난들을 알아보겠다. 마지막으로 믿음과 고난, 그리고 구원이라는 논제에 대해 고찰하고자 한다.

이 책의 목적은 전통이라는 타성에 젖어 있는 일반 교인들의 종교생활과 행위에 문제를 제기하고, 그들이 자신의 종교생활과 성경적인 신앙생활의 차이를 스스로 찾게 하는 데 있다. 그리고 교인들이 옳다고 믿고 행하는 잘못된 기독교 지식이 말씀과는 많이 다르다는 것을 알리는 데 중점을 두고 있다. 한편 이 책에서 다루고 있는 논제들은 상호 연관성은 있으나 각각 독립적으로 존재하며, 제시된 순서에 따른 의미는 없다.

이 작업을 위해 장로교회가 표준 문서로 삼고 있는 웨스트민스터 신앙 고백서(Westminster Confession of Faith)와 대요리 문답(Larger Catechism), 소요리 문답(Shorter Catechism), 그리고 북미개혁장로교회의 헌법(The Constitution of the Reformed Presbyterian Church of North America)이 성경 다음의 기초가 되어줄 것이다.[2] 또한 대표적인 개혁파 신학자들과 목사들의 최신 저술과 성경 해석 등을 참고하고 인용하겠다.[3] 물론, 그들의 글과 주장이 100% 진리는 아니기에 무비판적으로 수용하거나 인용하지는 않을 것이다. 또한 신학적 담론을 잘 응축하고 있어서 필자가 많은 도전과 배움을 얻었던 여러 글과 책을 함께 소개하고자 한다.

---

2) 이 책에서 자주 사용할 '웨스트민스터 신앙 고백서'는 간략하게 '신앙 고백서'로, 웨스트민스터의 '대요리 문답서'와 '소요리 문답서'는 '대요리 문답'과 '소요리 문답'으로 부른다. 이와 함께 북미개혁장로교회의 헌법은 '북미개혁장로교회 헌법'으로 약칭한다. 신앙 고백서와 대·소요리 문답은 고신 교단의 헌법에 수록된 번역본을 주로 사용하며, 북미개혁장로교회 헌법은 필자가 번역한다.
3) 성경 해석에 있어서 보편적 개념을 강조하기 위해 장로교가 아닌 신학자들의 의견도 참조한다.

필자의 경험이 미천하여 이 책의 주제가 장로교회로 제한이 되어 있다 보니 1차 독자는 한인 장로교인들로 삼았다. 그러나 이 책이 교단을 구분하지 않고 미주와 한국의 그리스도인들에게 조금이라도 도움이 되기를 바라는 마음도 있다. 또한 개혁 신학에 익숙하지 않은 독자들의 손에도 이 책이 쥐어지기를 기대한다. 이 책은 독자들을 불편하게 만들 수도 있는 내용들을 더러 포함하고 있기에 몇몇 독자들의 질타를 예상하며 이 글을 쓴다. 그럼에도 예수 그리스도가 그 질타의 대상이 될 수는 없으며, 그분은 오직 영광의 대상이라는 것을 독자들이 꼭 기억해주셨으면 한다.

이철규

목차

추천사 6
시작하며 9

Part 1 개혁 신학, 개혁 교회

1. 개혁 신학과 교리
개혁 신학(Reformed Theology) 20
칼빈의 튤립(TULIP)을 통해 구원을 이해하기 23

2. 진정한 교회의 표지 ①
진정한 교회 33
예수님의 세 가지 직분(Threefold Offices of Jesus) 34

3. 진정한 교회의 표지 ② - 말씀의 선포, 설교와 성경 해석
설교 40
성경 해석 45
신앙 고백서가 설명하는 하나님의 말씀 51
성경의 권위는 누구에게 있는가? 54

4. 진정한 교회의 표지 ③ - 성례(Sacraments)

세례　77

성찬　89

5. 진정한 교회의 표지 ④ - 권징

권징에 대한 교회의 권한　100

권징의 목적　102

권징의 단계　103

권징의 사유　107

권징에서의 회복　118

6. 진정한 교회를 꿈꾸며 ① - 교회 직분

교회의 직분자　120

장로의 유래와 임무　120

집사　136

권사　142

7. 진정한 교회를 꿈꾸며 ② - 찬양

시편과 찬양　147

성경적인 찬양　152

시편의 구성　155

저주의 시편　157

 **Part 2** 그리스도인의 삶, 고난, 그리고 믿음

8. 율법과 그리스도인의 삶

율법주의(Legalism)   164

율법 폐기주의(Antinomianism)   169

하나님의 율법(The Laws of God)과 목적(용도)   170

도덕법(The Moral Law)   172

9. 그리스도인의 무고한 고난(Innocent Sufferings)

모형론(Typology)   185

모형론의 예(Examples of Typology)   186

일반적인 종교관   189

번영 복음(Prosperity Gospel)과 치유 복음(Therapeutic or Healing Gospel)   191

성경과 현실이 증거하는 신자의 삶   192

욥의 무고한 고난의 시작   194

욥의 모형론이 보여주는 무고한 고난   199

10. 그리스도인의 진정한 믿음

현대를 사는 신자들과 무고한 고난의 관계   217

믿음의 증거   226

마치며   233

Part 1

개혁 신학, 개혁 교회

1
개혁 신학과 교리

✦ 개혁 신학(Reformed Theology)

주일 예배 후 친교 시간 중에 어떤 교인이 개혁 신학에 대해 언급하자, 한 장로가 다음과 같이 되물었다. "개혁 신학이 무엇인가요? 기독교를 새롭게 개혁하는 신학인가요?" 이러한 질문은 기독교의 기본적인 역사와 교리에 관한 한국 교회의 지적 수준을 간접적으로 알려준다. 개혁 신학은 무엇인가? 이에 대한 이해를 돕기 위해 16세기 종교개혁으로 거슬러 올라가보자.[1]

1517년 10월 31일, 마틴 루터(Martin Luther)는 로마 카톨릭교회(Roman Catholic Church)의 부패와 권력 남용, 면죄부(indulgence) 판매 등에 대해 반대하는 95개의 조항을 비텐버르크 교회(Castle Church in Wittenberg) 문에 못으로 박았다. 루터의 이 행위가 종교개혁(Reformation) 자체는 아니었지만, 이후 유럽의 종교개혁과 관

---

[1] 개혁 신학의 간략한 역사적 유래는 카이퍼(B. K. Kuiper) 교수가 저술한 『역사 속의 교회(The Church in History)』를 기본으로 하였다. B. K. Kuiper, *The Church in History*(Grand Rapids: National Union of Christian Schools, 1964).

련한 여러 사건들에 발화점이 된 건 사실이다. 이렇게 시작된 종교 개혁은 프랑스 출신의 존 칼빈(John Calvin)에 의해 보다 개혁된 신학적 체계를 갖추게 되었다. 칼빈이 저술한 『기독교강요(Institutes of the Christian Religion)』는 이러한 개혁 신학을 잘 정리하고 있다. 주목할 점은 칼빈이 시무한 제네바 교회의 정치 형태는 장로들에 의한 대의 정치였으며, 그의 가르침은 다수의 장로교회의 신학의 기초가 되었다는 점이다. 그렇기에 많은 이들은 개혁 신학을 칼빈주의 신학으로 이해하기도 한다.

루터가 그의 95개조 반박문을 못 박은 지 약 130여 년의 시간이 흐른 후, 영국에서는 교회사에 있어서 너무나 중요한 문서가 작성되었다. 그것은 바로 120여 명의 총대들이 수년에 걸쳐서 만들어 낸 웨스트민스터 문서들이다. 이 문서들은 장로교회의 중추적 교리인 신앙 고백서와 대요리, 소요리 문답서들로, 칼빈 신학과 개혁 신학을 짜임새 있게 정리하고 있다. 필자는 장로교회의 모든 신자가 적어도 대요리 문답서와 소요리 문답서를 공부했으면 한다. 장로교회 신자들이 신앙 고백에 대해서도 관심을 갖고 살펴보는 것은 선택이 아니라 필수 사항이다.[2]

---

2) 웨스트민스터 신앙 고백서는 1643년 영국 웨스트민스터 대성당에 소집된 신학자들의 총회에서 스코틀랜드, 잉글랜드와 아일랜드 교회의 통일된 신앙 고백서로 작성되었다. 100여 명의 신학자들이 1652년까지 총 1,163번의 회의를 통해 교리, 예배, 교회 정치의 개혁을 위한 작업을 진행하였다. 특별히 신앙 고백서는 영국, 스코틀랜드, 미국 등 세계 여러 나라의 장로교회들이 성경적 기독교 신앙의 바른 진술로 믿고 따른다. 한국의 대다수 장로교단의 목사들과 장로들도 임직 서약에서 웨스트민스터 신앙 고백과 대·소요리 문답을 신구약 성경이 가르치는 교리의 요약본으로 받아들인다.

한국 교회 절반이 자신들의 교회를 스스로 장로교회로 분류한다. 장로교회의 뿌리라고 할 수 있는 스코틀랜드의 개혁 교회는 칼빈으로부터 큰 영향을 받은 종교개혁자 존 낙스(John Knox)로부터 시작되었다. 존 낙스의 개혁에 이어 언약도(Covenanters)라고 불리는 이들이 스코틀랜드의 믿음의 수호자가 되어주었다. 킬링타임(killing time, 1680~1688) 동안에는 거의 20,000명의 언약도들이 그들의 믿음을 지키고자 순교했다. 이들이 언약도라고 불리는 이유는 그들이 16세기 말부터 공적 언약을 선포했기 때문이다. 그중 가장 중요한 언약은 1638년에 있었던 국가 언약인데, 이것의 핵심 내용 중 하나는 국가보다 그리스도의 왕권이 우선되며, 정부의 간섭 없이도 예수 그리스도가 교회의 왕임을 인정하는 것이었다. 그리고 이들의 후예가 18세기부터 미국에 정착하여 북미개혁장로교회를 세우면서 언약도의 신앙을 이어왔다. 그렇기에 이 책에서 지속해서 언급할 북미개혁장로교회의 영적 아버지는 칼빈과 낙스이며 이들의 기본 교리는 웨스트민스터 신앙 고백서와, 요리 문답서들 그리고 교단 헌법이라고 할 수 있다.[3] 환언하면, 이 책에서 다루는 주제들은 북미개혁장로교회 신학의 토대 위에서 살펴볼 수 있다는 의미이다.

지금까지의 장황한 설명을 요약하면 개혁 신학은 결코 새로운 신학이 아니라 이미 16, 17세기에 정립된 신학이며 역사적 장로교단

---

3) 개혁장로교회 신학대학원(Reformed Presbyterian Theological Seminary)의 소개문에서 인용.

들의 주춧돌이라고 할 수 있다. 미국 내에서는 이러한 개혁 신학에 뿌리를 둔 대표적인 장로 교단으로 정통장로교회(Orthodox Presbyterian Church, 흔히 OPC라 부른다)와, 미국장로교회(Presbyterian Church of America, 또는 PCA), 그리고 북미개혁장로교회(Reformed Presbyterian Church of North America, 또는 RPCNA) 등을 손꼽을 수 있다.[4]

✦ 칼빈의 툴립(TULIP)을 통해 구원을 이해하기

기독교인들의 가장 큰 소망은 아마도 자기 자신의 영적 구원이라 생각한다. 그렇다면 구원이란 무엇인가? 스프로울(R. C. Sproul) 박사는 그가 저술한 책에서 구원을 다음과 같이 정의한다.

> 성경은 구원을 우리가 죄로부터 궁극적으로 구속받는 것, 그리고 하나님과의 화해를 얻는 것을 나타내는 특수한 의미로 사용한다.[5] 이 의미에서 구원이란, 궁극적인 재난, 즉 하나님의 심판에서 나온 것이다. 궁극적인 구원은 다가올 하나님의 진노에서 우리들을 벗어나게 해주신 그리

---

4) PCA는 진보적인 미합중국 장로교단(Presbyterian Church of USA, 또는 PC USA)과는 전혀 다른 교단이다.
5) 스프로울, 기독교의 핵심 진리 102가지, 생명의 말씀사, 2013, p. 188.

스도로 인해서 이뤄진다(데살로니가전서 1:10).[6]

칼빈의 신학에서는 이 구원의 주제를 튤립(TULIP)이라는 약어(Acronym)와 함께 정리하고 있다. 칼빈의 5대 교리라고 불리는 튤립은 전적 타락(Total Depravity), 무조건적인 선택(Unconditional Election), 제한적 속죄(Limited Atonement), 불가항력적인 은혜(Irresistible Grace) 그리고 성도의 견인(Perseverance of Saints)으로 구성된다. 이제부터는 이 다섯 가지의 내용을 간략하게나마 정리해보겠다.

① 전적 타락(Total Depravity)

아담이 지은 첫 번째 죄로 인해 그의 후손인 모든 인간은 전적으로 영과 육의 타락을 전가받았다. 인간은 하나님을 사랑할 수 있는 성향을 모두 상실했다. 타락 전의 아담은 하나님을 기쁘시게 할 수 있는 선(goodness)을 그의 의지대로 행하는 자유와 능력이 있었다. 물론 이와 함께 타락할 가능성도 있었다. 그러나 타락 후의 인간은 그의 자연스러운 성향에 따라 오직 (하나님 기준에서의) 악을 택할 수밖에 없게 되었다. 따라서 우리는 스스로를 하나님의

---

6) R. C. Sproul, *Essential truths of the Christian faith*(Wheaton, Ill: Tyndale House, 1992), p. 167.(필자 역)

진노에서 절대 구원할 수 없다. 다음은 전적 타락에 관해 신앙 고백서와 북미개혁장로교회 헌법이 주는 성경적인 가르침들이다.

신앙 고백서 6장 1항 우리의 첫 조상은 사탄의 간계와 유혹에 넘어가 금지된 실과를 먹어 죄를 지었다. 그들의 이 죄를 하나님께서는 자기의 영광을 목적으로 조정(調整)하신 후, 자기의 지혜롭고 거룩한 작정을 따라 허용하시기를 기뻐하셨다.

신앙 고백서 6장 2항 이 죄로 그들은 원래의 의(原義)와 하나님과의 교제에서 타락하였고, 죄로 인하여 죽었으며 영혼과 몸의 모든 기능과 부분이 전적으로 더러워졌다.

신앙 고백서 6장 3항 그들은 온 인류의 뿌리이기 때문에 이 죄의 죄책(罪責)은 전가되었고, 죄 안에서 동일한 사망과 부패한 본성은 보통 생육법으로 그들에게서 태어난 모든 후손들에게 전수되었다.

신앙 고백서 6장 4항 사람은 원래의 부패로 말미암아 모든 선을 전적으로 싫어하고, 그것을 행할 수 없으며 거역하고 전적으로 모든 악에 기울어지며, 이 원래의 부패로부터 모든 자범죄가 나온다.

북미개혁장로교회 헌법 6장 1항 인간의 이 부패한 성품을 일반적으로 전적 타락이라 부른다. 성경은 타락하지 않은 두 가지의 경우를 예로

든다. 하나는 타락 전의 아담이고, 다른 하나는 그리스도의 인성이다. 타락 후, 인간이 가진 성향의 모든 면은 죄의 영향을 받았다. 인간의 이해력은 어두워졌고, 그들은 그릇된 원리에 따라 움직이게 되었다. 반항적이며 자신의 의지로는 하나님을 사랑할 수 없는 인간은 구원을 얻을 수도 없게 되었다. 거듭나지 못한 자들은 다 똑같은 정도로 사악하지도 않고, 악해질 수 있을 만큼 악하지도 않다. 그들은 인간의 기준 안에서의 선을 따를 수도 있을 것이다(히브리서 4:15; 창세기 6:5, 3:22; 로마서 5:12-17, 8:7, 3:23, 7:18; 에베소서 4:18; 마가복음 10:20).

② 무조건적 선택(Unconditional Election)

이미 위에서 언급했듯이 죄인 된 우리는 스스로를 하나님의 진노에서 구원할 수 없다. 신앙 고백서 10장에서 기록하듯이 구원은 하나님의 은혜 안에서만 시작되며, 그분의 원대한 계획 속에서 진행되는 삼위일체 하나님의 역사이기에 구원에 대해 인간이 공헌한 것은 아무것도 없다. 다시 말해, 구원은 하나님이 시작하시고, 하나님만이 이루실 수 있으시다.

신앙 고백서 10장 1항 하나님께서는 생명으로 예정하신 모든 이들, 그리고 이들만을 자기가 정하시고 용납하신 때에 이들이 본성적으로 처해 있는 죄와 사망의 상태로부터 예수 그리스도로 말미암은 은혜와 구원으로 말씀과 성령을 통하여 효력 있게 부르기를 기뻐하신다. 이들의 마음을 밝히시어 하나님의 일을 구원에 이르도록 영적으로 알게 하시고, 돌 같은 마음을 제거하시고, 살 같은 마음을 주시고, 의지를 새롭게 하시고, 전능하신 능력으로 그들이 선을 향하도록 정하시고 효력 있게 예수 그리스도께로 인도하신다. 그렇지만 그들은 은혜로 인하여 기꺼이 자원하게 되어 아주 자유롭게 예수 그리스도께로 나아간다.

위의 진술처럼 구원은 예정된 사람들에게만 유효하다. 예정된 사람들 또는 하나님께서 택하신 자들은 반드시 그리스도에게로 나아오게 된다. 그 이유는 하나님께서 그들을 먼저 택하셨기 때문이다. 사도 바울은 로마서 9장 10-16절에서 야곱과 에서 이야기를 가지고 하나님의 선택 교리를 설명한다. 많은 사람들은 이 예정론을 불공평하다는 이유로 거부한다. 그러나, 불공평하지 않다. 자명한 사실은 아담 이후의 모든 사람들은 죄인이며 죄의 삯은 사망이라는 점이다(로마서 3:23, 6:23). 그렇기에 하나님의 법에 의하면 모든 사람은 그들의 죄로 인해 반드시 죽어야 한다. 그렇지만, 하나님의 택자는 자비를 받게 된다. 하나님의 은혜로 인해 그 영원한 죄의 형벌에서 벗어나게 되는 것이다. 그리고 나머지 사람들은 여전히 그들의 죄 속에서 정당한 심판을 받는다. 그러므로 그 누구도 부당한 처분을 받는다고 불평할 수 없다. 받아야 할 죄의 값을 치르는 것뿐이다.

③ 제한적 속죄(Limited Atonement)

튤립의 세 번째 주제인 제한적 속죄에 대해 북미개혁장로교회 헌법을 통해 알아보자.

북미개혁장로교회 헌법 8장 7항 그리스도께서는 온 인류의 죄를 속죄하거나, 무제한적인 수효의 죄인들을 속죄하기 위해 자신의 목숨을 내놓지 않으셨다. 만일 하나님께서 온 인류를 구하시려고 계획하셨다면, 그리스도의 희생은 진정 온 세상을 구원하시기에도 충분했을 것이다. 그러나 하나님의 목적과 그리스도의 실행에 있어 실제로 그리스도께서는 그분 안에서 영생을 택함을 받은 사람들만 속죄하기로 이미 정하셨다. 그리스도께서는 택자만을 대표하시고 이들만이 그리스도의 구속을 통해 구원받는다. 일반적으로 이러한 진리를 제한적 속죄 혹은 특정한 구원이라 부른다(요한복음 10:14-15, 25-30, 3:16, 17:9-10; 사도행전 20:28; 요한계시록 5:9).

여기에서 핵심 사안은 예수 그리스도의 죽음의 희생이 모든 사람을 구원하기에 충분하지만, 그리스도의 속죄를 위한 희생은 오직 예정된 택자만을 위한다는 점이다. 만일 예수님의 죽음이 제한 없이 모든 사람을 구원하고자 계획되었다면, 골고다의 십자가에서 예수님은 왜 오직 한 명의 도둑에게만 다음과 같은 말씀을 하셨을까? "예수께서 이르시되 내가 진실로 네게 이르노니 오늘 네가 나와 함께 낙원에 있으리라 하시니라(누가복음 23:43)." 보다 원론적으로는 전능하신 하나님께서 모든 인류를 위한 구원을 원하신다면, 굳이 독생자 예수 그리스도의 희생까지 필요로 했겠는가?

④ **불가항력적 은혜**(Irresistible Grace)

불가항력적인 은혜를 이해하기 위해서는 먼저 중생에 대한 설명이 필요하다. 중생(regeneration)이란 다시 태어남(rebirth), 즉 거듭남을 의미한다. 이미 언급한 바와 같이, 인간은 전적인 타락으로 인해 하나님과의 교통이 완전히 단절되었다. 타락한 인간의 자연적인 성향은 언제나 어두움을 사랑한다. 그들은 하나님을 사랑하기는커녕, 오히려 신적 존재를 강렬히 거부한다.

"그 정죄는 이것이니 곧 빛이 세상에 왔으되 사람들이 자기 행위가 악하므로 빛보다 어두움을 더 사랑한 것이니라(요한복음 3장 19절)"

거듭해서 강조하지만, 타락 후 인간은 하나님을 사랑하지 않고 그분께 나아갈 영적 능력조차 상실했다. 그렇기에 중생이란 하나님이 홀로 행하실 수 있는 역사이다. 결코 인간의 의지나 노력으로 이뤄지지 않는다. 신앙 고백서가 기록하듯 죄인을 향한 하나님의 부르심은 "하나님의 값없이 주시는 특별한 은혜로만 되어지는 것

(10장 2항)"이다. 그리고 이 중생은 영적으로 죽어 있는 자들 중에 드러나는 성령 하나님의 역사이다(엡 2:1-10). 성령님은 영적으로 죽어 있는 자들에게 영적인 생기를 불어넣으셔서 그들이 새로운 피조물이 되게 하신다.

많은 현대 교인들이 오해하고 있는 교리 중의 하나는, 믿음이란 개인의 의지 혹은 자유의사에 의한 선택에서 비롯된다고 생각하는 것이다. 그러나 하나님을 거부하는 타락한 인간이 자신의 의지로 하나님을 믿겠다고 선택한다는 논리는 성립될 수 없다. 죄인들이 하나님을 믿기 위해서는 그들의 죽어 있는 영이 다시 살아나야 한다. 따라서 중생은 믿음의 열매가 아니라, 믿음의 필수 전제 조건으로 믿음을 우선한다. 우리가 하나님을 영접하기로 결정하기 전에 하나님께서 먼저 우리를 중생시키기로 선택하신다. 정확히 말하자면, 중생은 하나님께서 단독적으로 행하시는 구원 사역으로, 우리가 기여하는 공로가 없을 뿐만 아니라 우리가 거부할 수 없는 은혜이다. 이러한 하나님의 주권적인 은혜로 우리는 거듭나며 그리스도를 믿게 된다.

요약하면, 하나님께서 예정하신 그분의 백성은 그분이 주시는 은혜로 말미암아 결과적으로 그리스도를 믿게 된다. 그리고 하나님의 이 놀라운 은혜는 불가항력적으로 하나님의 백성들이 구원이라는 상태에 반드시 이르게 만든다.

⑤ 성도의 견인(Perseverance of Saints)

하나님의 택자는 결코 하나님을 배반하지 않는다. 더 정확히 말해서, 하나님께서는 그의 백성들이 그분을 배반할 수 없도록 도우신다. 하나님의 구원받은 백성들이 세상을 살아가면서 많은 유혹도 받고 심각한 죄를 범하기도 하지만 하나님의 은혜의 약속으로 말미암아 그들은 궁극적으로 하나님을 떠나지 않고 성화의 과정을 밟는다. 웨스트민스터 신앙 고백서는 이러한 성도의 견인을 이렇게 정리한다. "하나님께서 자기의 사랑하시는 아들 안에서 용납하시고 성령으로 효력 있게 불러 성화시킨 자들은 은혜의 상태에서 완전히 또는 최종적으로 타락할 수 없다. 은혜의 상태 안에서 세상 끝날까지 확실하게 견디며 영원히 구원을 받을 것이다(17장 1항)." 하나님의 택자가 타락하지 않는 이유는 그들의 능력 때문이 아니다. 오직 효과적으로 부르신 하나님의 은혜 안에서 성령님의 권능에 의한 중생에서 나오기 때문에 끝까지 버틸 수 있는 것이다. 그리스도뿐 아니라 사도 바울 역시 이를 확증한다.

> "나를 보내신 이의 뜻을 행하려 함이니라 나를 보내신 이의 뜻은 내게 주신 자 중에 내가 하나도 잃어버리지 아니하고 마지막 날에 다시 살리는 이것이니라(요한복음 6장 39절)"

"너희 속에 착한 일을 시작하신 이가 그리스도 예수의 날까지 이루실 줄을 우리가 확신하노라(빌립보서 1장 6절)"

지금까지 간략하게 소개한 칼빈주의의 5대 교리 또는 튤립 교리는 한마디로 예정론이라 요약할 수 있다. 그리고 이 예정 교리는 정통적인 신본주의 신학을 옹립한다. 하지만 많은 기독교인들이 예정론에 대해 여러 의문점들을 갖고 있는 줄 안다. 그중 대표적인 질문은 선교와 전도와 연결된다. 하나님께서 이미 그분의 백성을 이미 예정하셨다면 왜 전도나 선교가 필요한지에 대한 의문이다. 이에 대해 필자는 다음과 같이 짧게 답해본다. 첫째, 전도는 예수님께서 우리 신자들에게 행하라고 주신 지상 령이다(마 28:19-20). 둘째, 하나님은 그분의 택자를 아시지만 우리는 모른다. 그렇기에 신자라면 하나님께서 우리에게 주신 그 명령을 묵묵히 수행하여 그리스도의 복음이 택자들의 귀에 전달되도록 해야 한다.

2
진정한 교회의 표지 ①

✦ 진정한 교회

오늘날 수많은 이단적 종교 모임들이 유사 기독교의 옷을 입은 채 교회를 어지럽히고 있다. 이와 함께, 바른 교리로부터 출발한 교회들도 세상과 타협하여 타락하고 있다. 이러한 현상은 오늘날만의 문제가 아니다. 400여 년 전 기록된 신앙 고백서 25장이 전하는 그 당시의 시대상을 엿보도록 하자.

> **신앙 고백서 25장 5항** 천하에서 지극히 순수한 교회라 하더라도 혼합과 오류에서 벗어날 수 없다. 더러는 그리스도의 교회임을 멈추고 사탄의 회가 될 정도로 타락하였다. 그럼에도 불구하고 이 땅에는 하나님의 뜻을 따라 그분을 예배하는 교회가 항상 있을 것이다.

그러므로 신자는 반드시 진정한 교회가 무엇인지 숙고하고 정통 교회의 순결을 지키기 위해 힘써 실천해야 한다. 지금부터 진정한 교회를 세우는 고민과 실천에 대해 살펴보자.

✦ 예수님의 세 가지 직분(Threefold Offices of Jesus)

그리스도의 세 가지 직분(선지자, 제사장, 왕)에 대한 존 칼빈의 해설은 성도들이 예수 그리스도의 사역을 잘 이해하도록 도움을 준다.[7] 진정한 교회의 표지를 논하기에 앞서, 그리스도와 교회의 사역을 이해하기 위해서는 예수님의 세 가지 직분에 대한 공부가 필요하다.

첫째, 선지자는 하나님의 말씀을 선포한 사람들이다. 예수님은 하나님의 말씀도 선포하셨을 뿐만 아니라 그분 자체가 하나님의 말씀이시다(요 1:1). 둘째, 제사장은 사람들을 위해 하나님께 제물을 바치며 그들을 위해 대변하고 중보한다. 제사장들은 반복해서 제사를 드렸으나, 예수님은 그분의 몸을 단 한 번의 영원한 제물로 드리시며 제사장과 희생 제물의 역할을 동시에 감당하셨다(히 10:12). 다시 말해, 예수님은 완전하신 최고의 제사장이심과 동시에 흠이 없이 완전하신 제물이 되셨다. 셋째, 예수님은 만왕의 왕이시다(딤전 6:15; 계 17:14, 19:16). 이 세 가지의 직분을 모두 동시에 수행하신 분이 바로 예수님이시다. 이 세 직분의 공통점은 하나님의 백성을 위한 중보이며, 그 백성들이 구별되도록 인도하는 것이다.

'교회'는 헬라어인 '에클레시아(ekklesia)'에서 유래한다. 이 단어는 '불려서 나온 자'라는 뜻을 가지고 있는데 불려서 나온 자들이란 바

---

7) John Calvin, *Institutes of the Christian Religion*, The Library of Christian classics v. pp. 20-21(Philadelphia: Westminster Press, 1960), 20:494-503.

로 하나님께서 선택하신 자들을 자명하게 가리킨다. 이 택자들이 교회의 몸을 이룬다. 그리고 그 머리의 몸이 되시는, 다시 말해 교회의 머리가 되시는 예수님을 나타내야 한다. 즉, 예수님과 연합하고 예수님을 더욱 닮아가는 몸된 교회가 되어야 한다는 말이다. 이 점을 우리에게 상기시키는 말씀이 바로 베드로전서 2장 9절이다.

"오직 너희는 택하신 족속이요 왕 같은 제사장들이요 거룩한 나라요 그의 소유된 백성이니 이는 너희를 어두운 데서 불러내어 그의 기이한 빛에 들어가게 하신 자의 아름다운 덕을 선전하게 하려 하심이라(베드로전서 2장 9절)"

피츠버그에 위치한 북미개혁장로교회 신학교의 베리 요크(Barry York) 총장은 이 베드로전서의 말씀을 아래와 같이 설명한다.

택하신 족속이고 거룩한 나라이며 하나님의 소유된 백성이 된 교회는 어두운 데서 불러내어 하나님의 기이한 빛에 들어간 자들로 구성된다. 베드로는 본문에서 교회가 특별한 소명을 이행하며 가지는 세 가지의 특권적 역할을 분명하게 인식한다. 교회는 선지자와 같다. 교회의 역할 중 하나는 말씀의 선포이다. 베드로는 우리가 하나님의 '존귀하심을 선포해야 한다'고 말한다. 우리는 세상을 향해 주님의 고결한 이름(시 8:1)과 그의 존귀한 사역들(히 8:6), 그리고 주님께서 신자들에게 주신 거룩하고 도덕적인 삶(벧전 2:12; 벧후 1:3-8)을 전해야 한다…(중략)…교회는 제

Part 1 개혁 신학, 개혁 교회　　35

사장과 같아야 한다. 베드로는 교회가 왕 같은 제사장이며 거룩한 나라가 되어야 한다고 증거한다. 사도 베드로는 2장 5절에서도 교회는 살아 있는 돌과 같은 "거룩한 제사장을 위한 신령한 집"이라고 묘사한다. 이처럼 교회는 예수 그리스도를 통해 하나님이 기뻐하시는 신령한 제사를 드려야 한다. 이사야 선지자 또한 하나님의 백성 모두가 "여호와의 제사장들…(중략)…우리 하나님의 봉사자들"이라 불려지는 때를 예언했다(사 61:6). 마지막으로, 교회는 왕과 같다. 베드로는 교회를 제사장뿐만 아니라 왕으로 선언한다. 요한이 들은 천사의 말처럼 그리스도의 피로 산 사람들은 "우리 하나님 앞에서 나라와 제사장"으로 삼아졌다(계 5:10). 교회는 사람들이 그리스도의 통치를 지구상에서 가장 분명하게 보는 장소가 되어야 한다. 성도들은 하나님의 명령에 순종함으로 하나님을 영화롭게 하며 그분을 사랑해야 한다. 성도들은 교회 가운데 죄가 활발하게 자리 잡도록 만들어서는 안 된다…(중략)…주 예수 그리스도는 그의 백성에게 있어서 진정한 선지자이자 제사장이시고 왕이시다. 교회는 그리스도를 대표하는 선지자, 제사장, 그리고 왕의 대리 섭정이기에 이러한 직분들로 인해 교회의 표지가 밝혀져야 한다. 지금까지 살펴보았듯이 교회의 직분들과 교회의 표지들 사이에는 직접적 연관성이 분명하게 나타난다…(중략)…교회가 선지자의 역할을 감당하려면, 사람의 전통이 아니라 하나님의 말씀을 반드시 선포해야만 한다. 지난 세기 동안 자유주의 교회는 "예배를 쇼나 여흥으로, 설교는 마케팅으로, 믿음은 하나의 기교로 삼으며 우리를 (하나님 앞에서) 바르게 세우기보다는 스스로에 대한 긍정적인 생각으로 삶을 변화시키도록 해왔다. 이러한 흐름이 양산한 결과

중 한 가지는 공예배 안에서 하나님의 말씀을 읽고 설교하는 것이 드라마와 음악으로 대체되었다는 사실이다. 이는 주님에 대한 막대한 불성실이다. 하나님의 말씀은 우리의 생명이 되어(신 32:47) 하나님의 계명이 하나님의 백성과 길 잃은 영혼들에게 반복적으로 설교되도록 해야 한다(막 16:15; 요 21:15-17; 롬 10:14-17; 고전 9:16; 고후 4:5; 딤후 4:2). 이 땅에서 하나님의 말씀을 성실하게 전하고 듣는 철저한 헌신이 다시 한번 불타올라야만 한다…(중략)…교회가 또한 제사장의 역할을 수행하려고 한다면, 반드시 하나님으로부터 거룩하게 구별되어야 하고, 세상과는 벗어나 있어야 한다. 현대 자유주의 교회는 신성함(sacredness)에 대한 개념을 잃어버렸다. '신성하다(sacred)'라는 단어는 주님께로 구별되고 거룩해진다는 의미이다. 교회가 그렇게 구별되어지도록 주님께서 교회에 주신 핵심적인 방법 중 하나가 성례(sacraments)이다. 심지어 '성례'와 '신성하다'라는 단어들의 어원은 동일하기까지 하다. 문제는 소위 하나님의 집에서 그분의 신성을 더욱 분별없고 소홀하게 다루고 있다는 점이다. 사람들은 세례가 믿음만을 고백하는 가정들을 위한 것이라고 믿지 않는다. 사람들은 성찬 예식이 거룩한 삶을 추구하는 이들만을 위해 제정되었음을 믿지 않는다. 교회는 사람들을 두려워하고 사람들의 비위에만 신경을 쓰기보다는, 하나님을 두려워하고 하나님만을 기쁘시게 하는 길로 돌아올 필요가 있다…(중략)…교회가 왕처럼 서 있기 위해서는 교회 자체와 그곳의 성도들에 대한 유익한 권징(치리)을 행사해야 한다. 만약 어떤 목사가 우리는 그리스도 말고 다른 방법으로도 구원을 받을 수 있다고 가르친다면 교회는 무엇을 해야 하는가? 재정 담당자가 교회 자금을 횡령

할 때에 교회는 어떻게 해결해야 하겠는가? 교인이 사악한 소문을 교회 내에 퍼트리고 다닌다면? 또는 한 교회 내에서 간통이 발생한다면? 교인들의 이러한 범죄들을 그저 묵과하고 넘어가는 것이 성경이 말하는 친절과 사랑인가? 그리스도의 신부인 교회가 그 안에서 유린을 당한다면, 교회를 어떻게든 보호하는 것이 바르고 적합하다. 왕들은 그들의 백성을 보호하고 지킨다. 주님은 그분의 양들을 지키시고 그들의 영혼이 복음 속에서 보존되기를 원하셨다(행 20:28-32). 교회는 교인들에 대해 적절한 규율의 온전함을 반드시 회복해야만 한다.[8]

종교개혁자들은 성경 말씀 속에 담긴 교회의 진정한 표지들을 뚜렷하게 볼 수 있었으며, 이 표지들이 필수적이라고 교회에서 가르쳤다. 단지 그리스도를 믿는다는 한 가지의 공통점 아래서 각기 다른 기준들을 시행하는 모든 교회들은 결코 진정한 교회가 아니다. 교부(Church Fathers)들과 정통주의 개혁 신학자들에 의해 이미 검증된 교회의 성경적인 표지들을 거울삼아 교회를 살펴보아야 한다. 일반적으로 가르치는 진정한 교회의 표지(The marks of a true Church)란 하나님 말씀의 올바른 선포(The Preaching of God's Word), 성례의 바른 집행(Administration of Sacraments), 그리고 권징의 바른 시행(Church Discipline)에 있다.[9] 이 세 가지의 진정한

---

8) Barry J. York, *Hitting the Marks*, pp. 15-19의 일부분을 필자가 직접 번역하고 인용한다. 본문은 York 총장에게 허락을 받고 사용한다.
9) 진정한 교회의 표지들을 포괄적으로 이해하기 원한다면 칼빈의 『기독교 강요』 2권과 루이스 벌코프의 『조직 신학』을 읽어보기를 추천한다.

교회의 표지들 중에서도 가장 핵심이 되는 표지는 올바른 말씀의 선포이다. 그 이유는 성례와 권징 모두 하나님의 말씀을 바탕으로 바르게 시행되어야 하기 때문이다. 올바른 말씀은 직·간접적으로 선포된다. 직접적인 선포는 목사나 강도사에 의한 설교, 성경 공부, 교리 공부 등을 포함한다. 반면, 간접적인 선포는 성례와 권징의 시행뿐만 아니라 예배의 요소, 찬양, 직분자의 선출, 교회의 회의 등을 내포한다.[10] 이 책은 지금부터 말씀의 선포를 시작으로 각각의 표지들을 다루고자 한다. 이러한 표지들을 사모하는 마음으로 현대 교회가 이에 반하여 범하기 쉬운 오류들 역시 조심스럽게 지적해보고자 한다. 특별히 말씀과 연관하여 생각해볼 수 있는 찬양과 교회 직분은 별도의 소주제로 삼아 고민해보고자 한다.

---

10) 필자는 특별히 찬양 안에 말씀의 선포의 개념이 담겨 있다고 생각한다. 그 이유는 이 책의 7장에서 보다 자세하게 다루도록 한다.

3
진정한 교회의 표지 ②
- 말씀의 선포, 설교와 성경 해석

✦ 설교

대부분의 교회가 성경 말씀을 진실되게 가르친다고 주장할 것이다. 그렇다면, 과연 무엇으로 하나님의 말씀을 신실하게 선포한다고 말할 수 있을까? 이 질문에 대한 여러 다양한 대답들을 놓고 고민하기보다는, 앞에서 소개한 요크 교수의 간단명료한 요점을 살펴보자. 요크 교수는 사도행전 20장 27절의 "이는 내가 꺼리지 않고 하나님의 뜻을 다(the whole counsel of God) 너희에게 전하였음이라"라는 사도 바울의 진술 속에서 성도가 "성경적인 설교를 듣고 있는지 어떻게 알 수 있을까?"라는 질문에 대한 답을 찾을 수 있다고 주장한다.[11] 사도행전 20장 27절에서 기록된 "하나님의 모든 뜻(the whole counsel of God)"이라는 표현은 무엇을 의미하는가? 하나님의 모든 뜻은 성경 66권에 실려 있는 모든 내용을 가리키고 있다는 일차적인 대답에는 의심의 여지가 없다. 보다 궁금한 점은

---

11) York, *Hitting the Marks*, p. 35.

그 성경 전체를 함축하는 뜻을 전하려는 목적은 무엇인가 하는 점이다. 이 목적은 하나님께 영광을 돌리고 우리 인간으로 하여금 하나님을 경외(거룩한 두려움)하는 데 있다고 요약할 수 있을 것이다. 그러므로 말씀을 전달받는 하나님의 백성들은 그들의 실제적인 삶에서 설교의 가르침을 실천하는 데 이르러야 한다. 말씀을 전하는 목사라면 그의 삶과 설교가 먼저 일치해야 한다. 입으로 전하는 말씀과 몸으로 전하는 말씀이 다를 때에 교인들은 본능적으로 그 차이를 감지한다. 말씀의 전달자와 수령자가 '하나님의 모든 뜻'의 목적에 부합해야 한다면, 설교의 내용 면에서는 성경 안의 전체 내용, 특별히 예수님에 대한 설명이 반드시 포함되어야 한다. 성경 66권 전부가 예수님에 관한 것이기에 예수님이 없는 설교는 이미 설교로서 가치를 잃은 넋두리에 불과하다. 따라서 예수님이 선포되지 않는 곳을 교회라고 여길 수는 없다. 그런 교회는 그리스도의 교회가 아니라 사단의 종들이 모이는 곳이라고 이미 앞에서 인용한 신앙 고백서에서도 정확하게 꼬집었다(25장 5항).

이와는 정반대로, 모든 성경 구절을 신학 사전에 나와 있지도 않은 원어 해석 방식과 함께 예수님으로 연결시키는 설교도 적지 않게 경험했다. 이런 설교는 모든 결론을 예수님께 맞추기 때문에 그럴듯하게 들린다. 그러나 합당한 근거 없이 무리하게 예수님으로 결론을 내기 위한 설교는 청자들을 혼란스럽게 만들 뿐이다. 다시 말해서 그 말이 그 말처럼 되어 반복되는 혼동을 초래한다.

오늘날 많은 목사들이 교인들이 듣기에 불편한 설교는 회피하는 경향이 있다. 듣기에 화려하여 교인들의 귀를 즐겁게 하지만 실상 알맹이가 없는 설교가 많다. 성화와 영화(glorification)의 구별도 못하게 할 정도로 신학적 토대를 상실한 설교는 차치하더라도, 마치 중세 시대로 되돌아간 것처럼 믿음과 삶의 행통을 일치시키는 설교는 말씀의 설교가 아닌 말씀의 도전으로 들린다. 성도들의 믿음과 그에 따르는 행함이 자녀의 미래와 건강까지 좌지우지하리라는 사고가 놀랍지 않을 정도이다. TV에서 쉽게 만날 수 있는 자칭 복음주의자들 중 어떤 이는 공개적으로 이렇게도 선전한다. "여러분이 지금 100달러의 씨를 뿌리시면 1,000달러 또는 10,000달러의 복을 받을 수 있습니다"라고. 그런데 기가 막히게도 허무맹랑한 이러한 선전에 많은 이들이 속아 넘어간다. 결국 터무니없는 믿음은 기복 신앙과 치유 신앙의 신봉자들을 양산한다. 그들이 다니는 교회에서는 성경의 중요한 주제들인 재앙, 불행, 고난, 그리고 죄에 대해서 침묵하고만 있다.

  성경을 왜곡되게 해석한 예는 매우 많다. 긍정적인 생각(positive thinking)이 성도의 삶의 모토가 되어야 한다고 부추기는 이들도 있고, 현재와 미래의 행복은 주님이 아니라 개인의 의지에 달려 있다고 강조하는 이들도 있다. 어떤 설교자들은 구약의 율법을 예수님을 향한 믿음으로 대체하고 이를 송두리째 부정하며 오직 신약에만 중점을 둔다. 또한 어떤 목사들은 본문을 토대로 한 해석(exegesis)이 아니라 주관적인 해석(eisegesis)에 치우치기도 한다. 여러분은 요한계시록 3장 20절을 불신자를 전도하기 위한 메시지라고 들은 적이 있을 것이다. 그러나 이는 본문의 맥락에서 벗어난 해석이다.[12] 요한복음 20장 29절 본문 속에 비교급 '더'를 추가하여 "보지 못하고 믿는 자들은 '더' 복되도다"라고 해석하는 것도 잘못된 예이다.[13] 설교자가 성경 연구를 게을리하면 성경을 왜곡되게 해석하거나, 최악의 경우 다른 이들의 설교를 도용하게 될 수도 있다. 필자가 거주했던 지역의 한 교회에서도 어떤 목사가 다른 이의 설교를 토씨 하나 바꾸지 않고 설교해서 해임당한 일이 있었다.

그럼에도 여전히 많은 개혁 교회의 목사들이 진정한 말씀의 선포를 위해 진력하고 있다. 그들의 설교는 성경에 근거하며 예수님 중심의 말씀을 선포한다. 그들의 설교는 기복 신앙이나 치유 신앙으로 흘러 사람들을 현혹하는 법이 없고, 설령 듣는 자의 귀가 불편해지더라도 주님의 말씀을 진솔하게 전하고자 한다. 그들은 교인들을 위해 항상 기도하고 철저하게 설교를 준비한다. 바른 개혁 신학을 뼈대 삼아 하나님의 모든 뜻을 전하려 노력하고, 자기중심적인 해석이 아니라 성경 본문 안에서 퍼올리는 해석에 힘쓴다. 자신의 이름이 아니라 하나님의 영광을 위해 말씀을 담대하게 선포한다. 이러한 설교자들은 특정 시기를 초월하여 모든 시대의 교회가 필요로 한다.

설교를 듣는 자의 자세에 대해서도 논해보자. 청자인 교인들은

---

12) 이 구절의 일차적인 청자는 불신자가 아니라, 영적으로 미지근한 라오디게아 교회이다.
13) 헬라어와 영어, 그리고 한글 성경에서도 비교급인 '더($περισσότερο$, more)'라는 개념과 어휘는 찾을 수 없다.

예배에 대한 기대감, 특별히 설교에 대한 기대감을 가지고 예배를 준비하고 참석해야 한다. 교인들은 말씀을 전하는 목사의 영육간의 강건함을 위해, 또한 진정한 말씀의 선포를 위해 기도할 의무가 있다. 횟수가 중요한 척도는 아니지만 적어도 일주일에 한번쯤은 설교자를 위해 기도해야 하지 않겠는가? 이러한 상호간의 기도와 준비 속에서 교회는 더욱 유기적으로 성장하며 모든 지체가 함께 주님의 몸을 이루어갈 수 있다. 진정한 설교는 말씀을 전하는 화자의 단독 사역으로 이뤄지지 않는다. 청자인 교인의 기도와 설교에 대한 기대감, 그리고 진정한 설교를 만들기 위한 실천이 더해져야 한다.

필자는 여기에서 한 가지 실질적인 문제에 대해 다음과 같이 조언하고 싶다. 직장, 학업 등의 이유로 생활 터전을 옮길 때 사람들은 저마다의 기준으로 새로운 교회를 선택한다. 이때, 무엇보다도 말씀의 중요성을 가장 우선순위에 두기를 조심스레 권한다. 먼저, 새로운 지역에 있는 교회들을 잘 조사하여 관심이 생기는 교회가 있다면 교단 배경과 목사의 출신 신학교를 살펴본다. 목사들은 자신이 배우고 경험한 바를 토대로 습득한 삶의 원리를 설교에 적용한다. 또한 그들은 자신들이 공부한 신학교가 낳은 산물이기에 학교에서 배운 바를 토대로 회중들에게 말씀을 전하기 마련이다. 그러므로 바른 신학을 견지하는 신학교를 나온 목사가 시무하는 교회를 적극적으로 찾아야 한다.[14] 물론, 자유주의적인 신학교와 교단 출신의 목사가 성경적인 설교를 전할 수 있으나, 그런 경우가 필자의 주변에서는 매우 드물었다. 성경을 제대로 공부하지 않고 바른 신학과 거리가 있는 목회자들이 설교뿐 아니라 목양 및 교회 운영 전반에서 어긋난 방향으로 나가는 건 결코 기이한 일은 아닐 것이다.

✦ 성경 해석

바른 그리스도인이라면 성경을 바르게 이해하기를 원한다. 말씀에 대한 갈급함은 그리스도인과 평생 함께해야 한다. 그럼에도 현대의 많은 그리스도인들이 성경과 멀어져 있다는 사실은 그 누구도 쉽게 부인할 수 없다. 한편, 말씀 연구에 힘을 기울였으나 성경 이해의 방향을 잘못 잡고 있는 이들도 있다. 특히 이 시대의 많은 교회들이 붙잡고 있는 성경에 대한 견해는 합리주의(Rationalism)와 현대주의(Modernism) 등과 결을 같이하는 자유주의 신학(Liberal Theology)이다. 그들의 주장은 성경에 기초를 둔 역사적인 정통 기독교(Historically Orthodox Christianity)의 가르침과는 큰 차이가 있

---

14) 목사 청빙에 있어서도 이와 동일한 원리를 적용해야 할 것이다.

다. 아주 간단하게 정리하면, 그들은 인간 중심의 논리로 성경을 해석하는데 이러한 논리는 일반 성도들에게 악영향을 끼친다.

이외에 다른 문제들도 있다. 누군가는 성경 해석의 무의미성을 주장하며, 일부는 성경 한 구절마다 여러 의미가 내포되어 있다고 주장하며 통일된 신학을 거부하기도 한다. 또한 어떤 이들은 말씀이 배제된 믿음을 더욱 강조한다. 이렇게 거짓으로 포장된 다양성은 주님의 몸된 공동체에 도움이 될 수 없다. 성경은 '하나님을 영화롭게 하고 즐거워할 것'인지를 지시하는 '유일한 규칙'으로, '인간이 하나님에 대하여 믿을 것은 무엇이며, 하나님께서 사람에게 요구하시는 본분은 무엇인가'를 담고 있기에, 그 목적과 방향에 맞게 성경을 해석해야 한다.[15] 따라서 지금부터는 성경의 올바른 해석에 도움이 될 이야기를 나눠보고자 한다.

① "구약 성경은 더 이상 필요 없지 않나요?"

많은 교인들이 구약의 필요성을 무시하는 경우가 있다. 구약 성경은 창고 구석으로 치워두고, 우리의 신앙과 예수님에 대한 성경적 근거를 오직 신약에만 의존해야 할까? 그것은 예수님에 대한 구약의 예언들이 갖는 효력을 무시하는 것이다. 구약 성경이 그 시대

---

15) 웨스트민스터 소요리 문답 1-3 문답

를 살아가던 이스라엘 백성들에게만 적용된다면 예수님과 제자들에게도 구약의 시대는 그저 과거의 유물로만 받아들여질 것이다. 그러나 예수님께서는 구약의 신명기를 인용하시며 사탄의 유혹을 이기셨다. 마태는 그의 복음서의 시작을 아브라함에서 예수님까지 이르는 족보로(마태복음 1장) 시작했다. 분명히 복음은 이스라엘에게 가장 먼저 전해졌다고 볼 수 있다(마가복음 7:27; 로마서 1:16).

성경 속의 원 복음으로 알려진(Proto Evangelism 또는 First Gospel) 창세기 3장 15절은 이미 하나님의 구원 계획을 예고하고 있다. 아담과 하와는 모든 인류를 대표하고 있기에 하나님께서는 그들에게 그분이 가지고 계신 구원의 계획을 알리셨다. 창세기 3장 15절에 기록된 여자의 자손은('자라'라고 발음하는 이 히브리 단어는 남성 명사 단수로서, '씨' 혹은 '후손'을 나타냄) 바로 예수님을 가리킨다. 인류 역사상 남자의 씨가 아닌 여자의 씨를 통해 태어나신 유일한 분은 예수님 한 분밖에 없다. 예수님께서는 구약의 아브라함이 자신에 대해 증언한다고 요한복음 8장 56절에서 직접 언급하셨다("너희 조상 아브라함은 나의 때 볼 것을 즐거워하다가 보고 기뻐하였느니라"). 그뿐 아니라, 예수님은 구약의 말씀 전체가 그분을 가리키고 있음을 설교하셨다.

> "또 이르시되 내가 너희와 함께 있을 때에 너희에게 말한 바, 곧 모세의 율법과 선지자의 글과 시편에 나를 가리켜 기록된 모든 것이 이루어져야 하리라 한 말이 이것이라 하시고(누가복음 24장 44절)"

만약 구약 성경이 과거의 유물에 불과하다면 예수님의 말씀조차 효력이 없게 된다. 그렇기에 구약은 성경 전체를 이해하는 데 매우 중요하다. 구약 성경은 신약의 예언이자, 구속자를 위한 준비이며 약속이다. 그리고 신약 성경은 이러한 구약 성경의 완성이며 실현이다. 불변하신 하나님의 속성을 따라 하나님의 말씀도 불변하고 하나의 흐름 속에 이어지는 구약과 신약은 절대 분리될 수 없다. 대요리 문답 3문은 구약과 신약 성경의 관계에 대해 다음과 같이 한 줄로 정리해준다.

> 신구약 성경이 곧 하나님의 말씀이며 믿음과 순종을 위한 유일한 법칙이다.[16]

그렇기에 성도가 기억해야 할 바는 구약 성경 역시 '그리스도의 말씀이며 신약과 동등한 권위를 가지고 있다'라는 점이다.[17]

---

16) 웨스트민스터 총회가 제시하는 참고 성구는 다음과 같다. 디모데후서 3:15-16; 베드로후서 1:19-21; 에베소서 2:20; 요한계시록 22:18-19; 이사야 8:20; 누가복음 16:29, 31; 갈라디아서 1:8-9

17) Reformed Presbyterian Church of North America, *The Constitution of the Reformed Presbyterian Church of North America: being its standards subordinate to the Word of God: the Confession of Faith, the Larger and Shorter Catechisms, the Testimony, the Directory for Church Government, the Book of Discipline, and the Directory of Public Worship, together with official vows and forms*(Pittsburgh, PA: Crown & Covenant Publications, 2010), A-8.

② "성경 한 구절마다 여러 의미를 가지고 있어서 해석하기가 너무 어렵지 않나요?"

이 주장대로라면, "오직 의인은 믿음으로 말미암아 살리라(로마서 1장 17절)"라는 말씀에도 또 다른 의미가 있을지도 모른다는 생각이 들 것이다. 만약 위의 주장을 받아들인다면, 성경 말씀의 완전한 해석이 불가능하고, 결국 우리의 구원 자체가 성립되지 않는다는 모순점이 생긴다. 그들은 성경의 시작인 창세기 1장 1절[18]부터 다양한 의미를 끄집어내면서 복합적인 의미를 만들어낼 것이다. 그리하여 성경 전체의 역사성과 사실성을 실질적으로 부인하게 될 것이다. 다시 말해, 성경 자체를 흔들어 놓고 하나님의 존재를 부인하는 엄청난 문제를 야기한다. 신앙 고백서 1장의 아홉 번째 단락은 이러한 성경 해석의 기본에 대해 다음과 같이 설명한다.

> 성경 해석의 정확무오한 법칙은 성경 그 자체이다. 그러므로 어떤 성구의 참되고 온전한 뜻에 관해서 문제가 일어날 때는, 성경은 항상 그 의미가 여러 가지가 있지 않고 하나밖에 없으므로, 더욱 더 명백하게 말하는 성경의 다른 구절을 살펴서 그 구절을 이해해야 한다(베드로후서 1:20-21, 사도행전 15:15-16).

---

18) "태초에 하나님이 천지를 창조하시니라"

③ "말씀을 달달 외워도 믿음이 없으면 안 되지 않을까요? 믿음이 말씀보다 중요합니다."

이러한 주장은 표면상으로는 설득력이 충분해 보이지만, 조금만 깊게 생각한다면 매우 위험한 편견에 불과하다는 점을 파악할 수 있다. 먼저, 신앙 고백서 14장에서 설명하는 구원에 이르는 신앙을 소개해 보고자 한다.

믿음의 은혜로 인하여 택한 자들은 믿어 그들의 영혼이 구원을 받을 수 있게 되는데(히브리서 10:39), 그 은혜는, 그들의 심령 속에 임하시는 성령의 역사이며(고린도후서 4:13; 에베소서 1:17-19, 2:8), 통상적으로는 말씀의 증거에 의하여 역사한다(로마서 10:14, 17). 또한 말씀과 성례 집행과 기도에(은혜의 수단들에) 의하여 믿음의 은혜는 증가되고 강화된다(베드로전서 2:2; 사도행전 20:32; 로마서 4:11; 누가복음 17:5; 로마서 1:16, 17).

신앙 고백서 14장 1항을 요약하자면, 믿음이란 말씀 위에 토대를 쌓는다는 것이다. 로마서 10장에서 "믿음은 들음에서 나며 들음은 그리스도의 말씀으로 말미암았다(로마서 10:17)"라는 바울의 가르침이 이를 잘 지적해주고 있다. 말씀이 배제된 믿음은 결국 믿음의 대상에 관한 무지 속에서 탄생하는 맹신에 불과하다. 믿음이 말씀에 기초를 두지 않고 그저 자기들의 경험이나 감정 안에서 표출된 것에 불과한다면, 이는 우상을 섬기는 거짓 믿음과 무엇이 다르겠는가? 기독교인들은 우상 숭배자들의 믿음과는 전혀 결이 다른 믿음을 가지고 있다. 하나님을 믿는다는 것은 개인의 자유 의지에 달려 있지 않다. 신자의 믿음은 하나님의 절대적인 주권 안에서, 택자들에게 주시는 하나님의 절대적인 은혜에만 달려 있다.

이를 예배에 적용해보자. 하나님께서 택하신 사람이라면 하나님께서 제정하신 방식대로 하나님께 예배 드려야 한다. 많은 현대 교회들이 목회자들의 기호와 성도들의 반응에 맞춰 예배를 구성하는 것을 심심치 않게 본다. 이러한 모습은 자신들의 생각을 하나님의 말씀 위에 놓고 있음을 암묵적으로 보여주는 예가 된다. 또한 말씀을 순종하지 않거나 무시하는 단면이 되기도 한다. 이러한 문제와 구별되도록 우리가 하나님의 말씀에 대해 좀 더 집중하여 살펴보기로 하자.

✦ 신앙 고백서가 설명하는 하나님의 말씀

하나님께서 그분이 직접 창조하신 자연과 피조물을 통해 스스로를 알리시는 것을 신학적 용어로, 일반 계시 또는 자연 계시(general or natural revelation)라고 한다. 이에 반해, 하나님의 말씀인 성경은 특별 계시(special revelation)라고 불린다. 하나님 스스로 드러내시는 이러한 직접적인 계시(self-revelation)는 사람들이 하나님에 관하여 알아야 하는 모든 것을 포함한다. 북미개혁장로교회는 하나님과 인간 사이의 계약 관계를 계시와 연결지어 다음과 같이 설명한다(필자 직역).

> 일반 계시는 하나님의 사역 속에서 보여주시는 계시임이 분명하지만, 하나님의 언약의 목적(the covenant purposes of God)을 알리고 있지는 않다. 따라서, 하나님께서는 인간의 창조에서부터, 하나님께서 제정하신 하나님과 인간 사이의 언약 관계(the covenant relationship)를 계시하시기 시작하셨다. 이러한 언약 관계의 계시들은 특별 계시 밖에서는 사람들에게 전해지지 않는다(고린도전서 2:9; 창세기 1:28, 2:16-17; 로마서 1:19-20).

이어서 우리는 이 두 가지 계시들의 차이점을 통해 성경의 정체성을 또한 배울 수 있게 된다(필자 직역).

> 이 두 형태의 계시인 하나님의 일반 사역과 말씀 사역은 상호보완적이다. 이 두 계시들 사이에서 드러나는 난해함과 혼동 또는 모순들은 인간의 자연적 한계, 특별히 하나님을 향한 반항적 죄의 상태, 그리고(하나님께 대한 반항적인 죄의 상태에서 오는) 타락한 인간과 온 창조물 위에 결과적으로 부어진 하나님의 저주에서 발생된다….[19]

---

19) *The Constitutions of the Reformed Presbyterian Church of North America*, A-5.

하나님의 말씀에 대해 보다 단순하게 정의하고 이해하면 이렇다. 신구약 성경 66권 전체는 위에서도 한 번 언급하였듯이 '하나님의 말씀'이며 '믿음과 순종을 위한 유일한 법칙'이다(디모데후서 3:15-16; 베드로후서 1:19-21; 에베소서 2:20; 요한계시록 22:18-19; 이사야 8:20; 누가복음 16:29, 31; 갈라디아서 1:8-9). 그리고 그 하나님의 말씀이 중점으로 가르치는 바는 사람이 믿을 바와 해야 할 바이다. 대교리 문답서의 다섯 번째 문답에서는 다음과 같이 말하고 있다.

> 성경은 주로 사람이 하나님에 관하여 무엇을 믿어야 할 것인가 하는 것과 하나님께서 사람에게 의무적으로 하도록 요구하시는 것이 무엇인지를 가르친다(디모데후서 1:13).

지금까지 살펴본 신앙의 표준들은 성경에 관하여 매우 중요한 점을 우리에게 알려주고 있다. 바로 하나님과 인간 사이의 언약 관계(the covenant relationship)이다. 하나님의 말씀은 어떤 측면에서 보면 이 언약 관계를 궁극적으로 계시하기 위해서 주어졌다. 그리고 특별 계시인 성경은 하나님과의 언약 관계에 속한 사람들에게만 주어졌다는 사실을 주목해야 한다. 언약 관계 안에 속한 사람들만이 하나님의 택하신 백성으로 인정되며 그들만이 또한 하나님을 주 여호와로 부를 수 있다. 성경 말씀은 모든 인류를 향한 하나님의 명령과 삶의 규칙이 기록된 것이기 때문에 모든 인류에게 필요하다. 그럼에도 불구하고 택하여 중생 시키신 그분의 백성들에게는 보다 실질적이며 효과적으로 주어졌음을 부인할 수 없다.

성경을 일반 소설이나 이야기책 정도로 여기며 읽는 사람들에게 있어서 성경은 단지 세계 4대 종교의 하나인 기독교의 가르침이나 이스라엘의 역사책으로 간주된다. 기독교를 비판하기 위해 성경을 읽는 사람들이라면 성경 안에 숨겨진 모순덩어리들만을 찾고자 열심일 것이다. 성경에 대한 그들의 그러한 대처는 어쩌면 당연할 수도 있다. 그 이유는, 성령님의 중생 사역 없이는 그 누구도 성경 속에 담긴 진리를 발견할 수도 없고, 진리의 은혜를 받을 수도 없기 때문이다.

✦ 성경의 권위는 누구에게 있는가?

신앙생활을 어느 정도 해온 성도라면 이 질문에 어렵지 않게 답할 수 있을 것이다. 신앙 고백서 1장에서도 이 질문에서 간략하면서도 가볍지 않은 답을 제시한다.

마땅히 믿고 순종해야 할 성경의 권위는 어떤 사람이나 교회의 증언에 의거하지 아니하고 오직 진리 자체이시며, 그 책의 필자이신 하나님에게 전적으로 의거한다. 따라서 우리가 성경의 권위를 받아들여야 하는 것은 성경이 하나님의 말씀이기 때문이다(벧후 1:19-21; 딤후 3:16; 요일 5:9; 살전 2:13).

여기서 한 가지 더 명심해야 할 것은 '삼위의 하나님께서 모두 동등하고 절대적인 권한을 가지고 성경의 모든 부분을 통해서 또한 모든 부분 안에서 말씀하고 계신다'는 사실이다. 즉, 삼위일체 하나님께서 성경의 권위를 가지고 있다는 것이다.[20]

또한 로마 카톨릭이 주장하는 권위에 대해 이해해야 한다. 로마 카톨릭은 교황의 절대 무오성을(오류가 없음) 믿는다. 그리스도의 특별한 대행자로 로마 카톨릭이 인정하는 이 '교황'은 교회의 교리, 예배, 교회 정치 등 전반을 통제하는 특별한 권한을 가진다. 그리고 교황의 절대적인 성경 해석을 함께 주장한다. 다시 말하면, 교황은 성경 해석에 대한 절대적 권한을 가지고 있고 그에게는 오류가 없다고 받아들인다는 것이다. 다음은 신학자 벌코프(Louis Berkhof)가 저술한 조직 신학(Systematic Theology)의 한 부분이다 (필자 직역).

> 로마(바티칸) 카톨릭 제도는 사도들의 계승자들뿐만 아니라, 사도들 중의 제일이라 불리는 베드로의 계승자도 포함하는데, 그 베드로의 계승자는 현재에도 그리스도의 특별한 대행자로 인정된다고 가정한다. 오직 그리스도만이 교회의 유일하신 주권 통치자이시기에, 그분의 말씀만이 절대적인 관념의 법이라고 할 수 있다. 따라서 모든 독재적인 권력은 교회 내에서 금지된다. 따라서 그리스도를 떠나서는 어떠한 독재적 권력

---

20) *The Constitution of the Reformed Presbyterian Church of North America*, A-8.

이나 통치권도 존재할 수 없다. 로마 교황은 자신이 지상에서 그리스도의 대행자라 공언하면서 그리스도를 밖으로 내몰고, 그리스도의 말씀을 인간의 새 제도들로 대치하는 큰 죄를 범하고 있다. 교황은 자신들의 전통이 말씀과 동등하며, 신앙과 도덕에 관한 권위를 다룰 때에는 자신들의 해석에 절대 오류가 없다고 주장한다. 그들의 주장에 의하면 성경과 전통은 아마도 중재적인, 혹은 간접적인 신앙의 규칙일지 몰라도, (로마 카톨릭)교회의 가르침만이 직접적인 규칙이며, 그 보장은 교황의 무오성에 있다. 교황의 말은 곧 하나님의 말씀이다.[21]

이러한 로마 카톨릭의 교리는 반드시 개정되어야 한다. 사도 베드로를 수석 사도로 여기고 교황을 베드로의 후계자로 두며 우상화하는 오류에서 벗어나야 한다. 특별히, 베드로와 관련된 그들의 잘못된 믿음은 바로 마태복음 16장 18절("또 내가 네게 이르노니 너는 베드로라 내가 이 반석 위에 내 교회를 세우리니 음부의 권세가 이기지 못하리라")에 대한 자의적 해석에서 기인한다.

첫째, 주님께서 호명하신 '베드로'의 헬라어 '페트로스(Πέτρος)'는 남성 명사이고, '반석'의 헬라어인 '페트라(πέτρᾳ)'는 여성 명사이기에 이 두 단어가 문법적으로 맞지 않는다(헬라어는 두 단어의 성이 동일해야 한다). 또한, 주님께서 문맥상 베드로를 가리키신 거라면 단순하게 '네 위에'라고 직접적인 표현을 사용하시면 되었지, 구태여

---

21) Louis Berkhof, *Systematic Theology*(Edinburgh; Carlisle, Pa: Banner of Truth Trust, 1998), p. 580, 583.

'반석'이라는 단어를 쓰실 필요가 없었다. 이 '반석'을 마태복음 16장 16절에 기록된 베드로의 신앙 고백("시몬 베드로가 대답하여 가로되 주는 그리스도시요 살아계신 하나님의 아들이시니이다")으로 해석할 수는 있어도, 모든 사도들 중 베드로만을 구별해 반석이라 해석한다는 것은 여러 면에서 적절하지 않다.

둘째, '반석'이라는 단어는 다음의 성경 구절에서 볼 수 있듯 신·구약을 통해 신학적인 중요성을 내포할 때가 많다. 고린도전서 10장 4절에서는 '반석'이라는 단어를 해석할 때 주저 없이 예수님을 직접적으로 예표하고 있음을 볼 수 있다.

> "다 같은 신령한 음료를 마셨으니 이는 저희를 따르는 신령한 반석으로부터 마셨으매 그 반석은 곧 그리스도시라(고린도전서 10장 4절)"

그러므로, 마태복음 16장 18절의 '반석' 역시 베드로가 아니라, 베드로가 예수 그리스도에게 드린 신앙 고백을 가리키고 있다고 이해해야 한다. 이에 대해 에베소서 2장 20절이 추가적으로 지지한다.

> "너희는 사도들과 선지자들의 터 위에 세우심을 입은 자라 그리스도 예수께서 친히 모퉁이돌이 되셨느니라(에베소서 2장 20절)"

이러한 이유로 로마 카톨릭교회가 마태복음 16장 18절을 인용하며 베드로를 으뜸 제자라고 주장하는 것은 성경의 전체적인 관점 안에서 볼 때에 무척이나 잘못된 해석이다. 필자가 직접 읽어본 신뢰할 만한 신학자들인 존 칼빈(John Calvin), 존 길(John Gill), 윌리엄 헨드릭슨(William Hendriksen)도 한목소리로 로마 카톨릭교회의 잘못된 해석을 지적했다. 500여 년 전에 일어난 종교개혁의 원인 중 하나가 이러한 성경 해석의 오류와 적용이다.

그렇다면 올바른 성경 해석이란 무엇일까? 이것이 우리의 다음 논제이다. 한국 교회가 열정적으로 하고 있는 성경 통독의 유익은 다양하다. 그것은 성도들이 이 세상을 떠날 때까지 마땅히 지속해야 할 커다란 숙제와 같다. 통독은 몇 차례로 끝나는 것이 아니라 꾸준하게 반복해야 할 성도들의 기본적인 신앙생활 중 한 부분이다. 그러나 성경 통독은 읽는 데서 그치는 게 아니라 말씀을 바르게 이해하고 적절히 해석하며 자신들의 삶에 바르게 적용할 때 더 큰 유익이 있다.

① "그렇다면, 하나님의 말씀을 과연 어떻게 해석해야 하는가?"

일부 교인들은 주석 성경(Study Bible)에 많이 의지한다. 성경의 본문 아래에 짤막하게 적혀 있는 해석을 의심 없이 받아들인다. 그러나 주석 성경을 저술한 신학자가 아무리 명망 있다고 하더라도 그(들)가 추구하는 신학의 방향을 100% 신뢰할 수는 없다. 한편, 성도

개인의 사회적·교육적 배경이 갖는 자신감, 경험, 논리 등을 바탕으로 성경 해석에 있어 자신의 주장을 발전시키는 이들도 있다.

이들의 견해는 매우 위험하여 다른 성도들에게 좋지 않은 영향을 끼칠 수 있다. 그들은 비정통적이면서도 주관적인 방식으로 성경을 해석하여 신본주의(하나님 중심)보다는 인본주의(인간 중심)를 지향하는 경향이 농후하다. 심지어 이단적인 신학을 불러일으키는 기반이 될 수도 있다. 결코 지나친 비약이 아니다. 필자가 주장하려는 요지는 성경 해석만큼은 가급적 바른 신학을 견지하는 신학교에서 체계적이고 전문적인 과정을 밟은 목회자들에게 맡겨야 한다는 것이다.[22] 우리가 최소 6년 이상 의대에서 전문적으로 공부하고 임상 수련을 밟은 의사에게 신체 건강의 문제를 맡기는 것과 같은 이치이다. 하물며 우리의 영혼의 문제는 얼마나 더 중요하게 여겨야 하겠는가? 또한 성도들 역시 성경을 읽고 해석하는 데에 필요한 기본적 전제들이 요구된다. 이렇게 하면 교인 개인의 신앙이 증진될뿐더러, 실력 있는 성도들을 양육할 수 있는 보다 실력 있는 목회자들을 만날 수 있게 된다. 다시 말하자면, 하나님만이 절대적인 주권자이시고 그러한 하나님의 말씀인 성경을 해석할 때에는 반드시 하나님이 중심이 되어야 한다는 것이다. 그리고 하나님의 백성은 성경의 해석은 물론 모든 일을 행할 때 다음의 질문과 답

---

22) 개혁주의 및 정통주의 신학의 관점에서 보면 현대의 많은 진보주의적인 신학교에서 교육받은 목사들은 자의적으로 성경을 해석하며 정통 교리에서는 벗어나 있음을 알 수 있다. 이로 인해 성경의 권위와 관련된 주제뿐만 아니라 삶의 적용에 있어서도 많은 논란을 불러온다(동성 결혼, 낙태 등이 그 예가 될 수 있다).

을 진중히 고려해야 한다(대요리 문답 1문답).

> [문] 사람의 첫째 되는 최고의 목적은 무엇인가?
> [답] 사람의 첫째 되는 최고의 목적은 하나님을 영화롭게 함과 영원토록 그분을 온전히 즐거워함이다(로마서 11:36; 고린도전서 10:31; 시편 73:24-28; 요한복음 17:21-23).

바른 성경 해석을 위해 고려해야 할 여러 요소들이 있다. 원어에 대한 지식, 성경 각 권이 쓰였을 당시의 정치, 사회, 문화적 배경, 자주 사용되는 용어들의 신학적 의미, 함께 살펴야 하는 대조 성경 구절들의 관찰, 각 책이 전하고자 하는 핵심 주제, 장르별 이해, 해당 성경의 직접적인 수취인이 되는 1차 독자들에 대한 이해 등이 그것이다. 이러한 폭넓은 이해가 바탕이 된 다음 추가할 것은, 다른 개혁주의 신학자들의 해석을 참고하는 것이다. 필자는 가능하다면 최소 세 분의 개혁 신학자(주석가)들의 해석을 참조하라고 권한다. 원어에 대한 지식의 중요성은 이미 로마 카톨릭교회가 마태복음 16장 18절의 '반석'을 오용한 점을 지적하며 소개하였다. 이 책에서 위에 나열한, 성경 해석에 필수적인 요소들을 일일이 살펴볼 수는 없다. 그러나, 필자의 의도를 제대로 전달하기 위해서 성경 해석의 두 가지 예를(창세기 4장 7절, 마태복음 21장 28-32절) 아래에 실어보았다. 신학교에서 체계적인 교육을 받지 않은 일반 교인이 다음에 나오는 히브리어 원어 성경 구절을 이해하기는 어렵다고 생각한다. 그럼에도 성경의 해석과 분석의 진행 경과를 통해 일반 교인들 역시 그 구절이 의미하는 맥락을 보다 풍성히 이해할 수 있을 것이라는 바람 속에서 원어를 함께 실었다. 이 해석의 타당성을 위해, 네 명의 개혁주의 신학자들(존 칼빈, 존 길, 매튜 풀, 매튜 헨리)의 주석을 비교, 참조했다.

② 성경 해석의 첫 번째 예: 창세기 4장 7절

성경 해석의 첫 번째 예로 삼은 창세기 4장 7절에 대해 필자 스스로가 여러 궁금증을 가지고 있었다. 아담의 타락 이후, 죄를 지배하고 다스릴 수 있는 분은 예수님 한 분인데, 본문에는 하나님께서 가인에게 죄를 다스리라는 명령을 내리셨다고 나온다.[23] 하나님의 택하신 백성의 수효에 포함되지 않는 가인이 어떻게 죄를 지배한다고 이해할 수 있겠는가? 이러한 의문들과 함께 이 구절을 히브리 원어와 대조하며 공부해보았다.

창세기 4장 7절은 히브리어 문법 구성으로는 절대로 난해한 구절이 아니다. 그런데, 한국어 성경 번역을 포함하여 적지 않은 영어 성경 번역판들이 히브리 원어를 원래의 문법과는 조금씩 다르게 번역하고 있다. 먼저 히브리 성경, 세 개의 영어 성경, 그리고 한

---

23) 필자가 살펴본 성경 번역본들에서는 킹제임스 흠정역(KJV)과 제네바 성경(GNV)을 제외한 대부분의 영역본과 한글 성경은 "죄를 다스리라"는 어조를 사용한다.

국 개역개정 성경을 비교해서 보도록 하자.

WTT הֲלוֹא אִם־תֵּיטִיב שְׂאֵת וְאִם לֹא תֵיטִיב לַפֶּתַח חַטָּאת רֹבֵץ וְאֵלֶיךָ תְּשׁוּקָתוֹ וְאַתָּה תִּמְשָׁל־בּוֹ׃

KJV If thou doest well, shalt thou not be accepted? and if thou doest not well, sin lieth at the door. And unto thee shall be his desire, and thou shalt rule over him.

ASV If thou doest well, shall it not be lifted up? and if thou doestnot well, sin coucheth at the door: and unto thee shall be its desire, but do thou rule over it.

NIB If you do what is right, will you not be accepted? But if you do not do what is right, sin is crouching at your door; it desires to have you, but you must master it.

개역개정 네가 선을 행하면 어찌 낯을 들지 못하겠느냐 선을 행치 아니하면 죄가 문에 엎드리느니라 죄의 소원은 네게 있으나 너는 죄를 다스릴지니라.

문제의 핵심은, 문장 안에서 죄의 소원(its desire)과 그(남자)의 소원(his desire)이 무엇을 가리키는지 아는 것이다. 이를 지칭하는 히브리 단어(הָתְשׁוּקָה - 테슈카)는 갈망(longing)을 뜻하는 명사이다. 히브리어는 명사에 소유격 접미사(construct suffix)를 붙여 그 명사의 소속을 보여준다. 7절에서 사용된 갈망(혹은 소원)이라는 뜻의 '테슈카'에는 남성 3인칭 단수의 소유격 접미사가 붙어 있다. 따라서 '그것(죄)의 소원'보다 '그(남자)의 소원'으로 번역하는 것이 합당하다고 사료된다.

이 문장에 등장하는 동사 역시 눈여겨볼 필요가 있다. 여기에서는 '지배한다'라는 의미를 지닌 히브리 동사 'לִמְשֹׁל - 마샬'이 사용된다. 한국어 성경으로 "죄를 다스릴지니라"라고 번역한 '죄(그것)'의 히브리 단어에는 'בּ - 버'라는 전치사가 포함되어 있는데 그 뜻은 '안에(in), 함께(with), 위에(over), ~에(at)'와 같은 의미를 내포한다. 중요한 점은 이 전치사에도 남성 3인칭 단수 접미사가 붙어 있기에 '죄 위에'가 아니라 '그(남자) 위에'라고 해석하는 것이 보다 정확하다. 따라서 이 단어들의 접미사들은 추상 명사나 사물을 대신하는 대명사가 아니라, 사람을 나타내는 인칭 대명사를 가리키고 있다. 위에 실린 킹제임스 번역판(KJV)과 제네바 번역판(이 글에서는 인용되지 않았다) 등에서는 원어 문법에 맞게 본문을 번역하고 있다. 그러므로 위의 문법적인 이해를 적용하여 창세기 4장 7절을 한국어로 번역할 때에는 "그(남자)의 갈망(소원)은 네게 있고, 너는 그(남자 위에서)를 지배할 것이다"와 같이 번역할 수 있다. 이제는 창세기 4장 7절에서 가리키고 있는 '그'가 과연 누구인지 살펴보도록 하자. 이러한 작업을 위해서 먼저 위의 본문과 유사한 성경 구절을 찾아보도록 하겠다. 성경을 성경으로 해석하는 것은 가장 기본적이면서도 이상적인 것이다. 창세기 4장 7절과 유사한 성경 구절을 창세기 3장 16절에서 찾아볼 수 있다.

WTT אֶל־הָאִשָּׁה אָמַר הַרְבָּה אַרְבֶּה עִצְּבוֹנֵךְ וְהֵרֹנֵךְ בְּעֶצֶב תֵּלְדִי בָנִים וְאֶל־אִישֵׁךְ תְּשׁוּקָתֵךְ וְהוּא יִמְשָׁל־בָּךְ׃ ס

개역개정 또 여자에게 이르시되 내가 네게 잉태하는 고통을 크게 더하리니 네가 수고하고 자식을 낳을 것이며 너는 남편을 사모하고 남편은 너를 다스릴 것이니라 하시고[24]

이 구절의 마지막 부분은 히브리 원어의 구성에 있어서 창세기 4장 7절 후반부와 커다란 유사성을 가지고 있다. '갈망(테슈카)'이라는 동일한 단어가 사용되지만, 그 소유격 접미사는 여성 2인칭 단수이다. '지배한다'를 뜻하는 동일한 동사, 'לִמְשֹׁל - 마샬' 역시 이 문장에서도 사용된다. 전치사 'בְּ - 버'에 여성 2인칭 단수 접미사가 사용된 것 역시 동일하다. 따라서, 한국어 성경이나 영어 성경들의 번역은 보편적으로 상이하지 않으며 무난하다고 말할 수 있다. 그러므로, 같은 단어와 같은 문장 구조를 사용한 창세기 3장 16절과

---

24) Unto the woman he said, I will greatly multiply thy pain and thy conception; in pain thou shalt bring forth children; and thy desire shall be to thy husband, and he shall rule over thee. (KJV)

4장 7절을 서로 다른 방식으로 번역하고 설명하는 건 필자의 한정된 지식으로는 납득하기 힘들다.

　이제 창세기 4장 7절로 돌아가보자. 이 구절은 두 가지 방식으로 번역과 해석이 가능하다. 하나는 기존의 한국어 성경에서 번역한 "죄를 다스릴지니라"이고, 다른 하나는 "그(남자)를 지배할지니라"의 해석이다. 존 칼빈, 존 길, 그리고 매튜 헨리는 본문을 "그 남자"로 해석하는 반면, 매튜 풀은 두 가지의 해석 가능성을 모두 열어 놓는다. 필자 역시 "그 남자"로 번역하고 본문의 맥락을 이해하는 것이 수월하다고 판단한다. 이는 창세기 3장 16절과 비교해도 전혀 어색하지 않다. 특별히, 죄를 다스릴 수 있는 분이 예수님 한 분뿐이라는 필자의 첫 의문점에도 답이 된다.

　이러한 이유들로 창세기 4장 7절을 "그의 갈망(소원)은 네게 있고, 너는 그를(또는 그의 위에서) 지배할 것"이라고 번역한다면 본문 전체를 다음과 같이 이해할 수 있다. 7절 속의 '그'는 가인의 동생인 '아벨'이다. 가인의 동생인 아벨은 형이자 집안의 장자인 가인을 존중하고 복종하며, 반대로 가인은 아벨을 미워하거나 시기할 필요가 없다는 말씀이다. 물론, 가인의 제사는 믿음에 의해(히 11:4) 드려지지 않았다. 그럼에도 하나님은 그의 장자권을 인정하셨다. 이러한 문법적인 해석에 대해 본문의 전후 맥락을 고려해야 한다. 본문의 핵심은 '장자의 권위'가 아니라 심각한 문제인 '죄'라는 데에 있다. 따라서, "죄가 문에 엎드리느니라"를 본문의 중심 사안으로 두는 것이 합당할 것이다. 즉, 하나님께서는 가인이 아벨을 향해 품고 있는 질투, 미움, 사악한 의도(창 4:8)등의 죄를 내어버리라고 명령하신다. 죄 대신 선을 행하며 믿음으로 하나님이 받으실 만할 제물을 드리라는, 죄에 대한 경고가 본문 속에 담겨 있다고 필자는 생각한다.

   그러나 다른 해석의 가능성도 고려해야 한다. 바로 위에서 확인했듯이, 본문의 핵심을 '죄'에 둘 때에는 "죄를 다스릴지니라"라는 개념이 가능하다. 히브리어의 문법상으로는 미래 시제의 명령형에서 죄를 남성형으로 의인화하는 것도 가능하다.[25] 특별히, 3장의 아담과 하와의 죄로 연결시킨다면 이 해석은 매우 자연스럽다. 즉, 죄를 저지르지 말라는 하나님의 명령으로 해석될 수 있다는 것이다. 그리고 이러한 경우에는 단어의 선택은 다르다 할지라도 두 해석의 의미는 크게 다르지 않음을 볼 수 있다. 필자가 우려하는 바는 이러한 안전한 해석 범위를 벗어난 채, 엉뚱한 성경 해석을 설교자가 차용하는 경우이다. 성경의 의미를 자의적으로 해석하지 말고 바른 신학적 잣대를 사용해 그 안의 의미를 파악해야 한다.

---

25) 예를 들어 십계명의 "살인하지 말지니라"는 명령어의 형태로 죄를 짓지 말라는 미래 시제의 명령법이 사용된다.

③ 성경 해석의 두 번째 예: 포도원과 두 아들들(마태복음 21장 28-32절)

28 그러나 너희 생각에는 어떠하뇨 한 사람이 두 아들이 있는데 맏아들에게 가서 이르되 얘 오늘 포도원에 가서 일하라 하니

29 대답하여 이르되 아버지 가겠나이다 하더니 가지 아니하고

30 둘째 아들에게 가서 또 그와 같이 말하니 대답하여 이르되 싫소이다 하였다가 그 후에 뉘우치고 갔으니

31 그 둘 중에 누가 아비의 뜻대로 하였느뇨 가로되 둘째 아들이니이다 예수께서 저희에게 이르시되 내가 진실로 너희에게 이르노니 세리들과 창기들이 너희보다 먼저 하나님의 나라에 들어가리라

32 요한이 의의 도로 너희에게 왔거늘 너희는 저를 믿지 아니하였으되 세리와 창기는 믿었으며 너희는 이것을 보고도 종시 뉘우쳐 믿지 아니하였도다

28 But what think ye? A certain man had two sons; and he came to the first, and said, Son, go work to day in my vineyard.

29 He answered and said, I will not: but afterward he repented, and went.

30 And he came to the second, and said likewise. And he answered and said, I go, sir: and went not.

31 Whether of them twain did the will of his father? They say unto him, The first. Jesus saith unto them, Verily I say unto

you, That the publicans and the harlots go into the kingdom of God before you.

32 For John came unto you in the way of righteousness, and ye believed him not: but the publicans and the harlots believed him: and ye, when ye had seen it, repented not afterward, that ye might believe him. (KJV)

한국(이민) 교회에서 흔히 사용하는 개역 한글 또는 개역 개정 성경은 대다수의 영어 성경들(KJV, ASV, ESV, NIV, GNV 등)과 본문을 다르게 번역한다. 한국어 성경 중에서는 공동 번역과 표준 번역 등이 개역 한글, 개역 개정과는 다른 번역을 취한다. 여기서 다른 번역이란, 대다수의 영어 성경은 둘째 아들이 아닌 첫째 아들이 후에 뉘우치고 포도원에 가서 일했다는 것이다.[26] 이러한 차이는 이 책에서 다루지 않는 본문 비평(Textual Criticism)에 있다고 예상할 수 있다. 그리고 필자의 목표는 무엇이 맞는 번역인지를 골라내는 것이 아니라, 번역의 차이와 상관없이 본문을 바르게 이해하는 것이다.

본문의 결론인 31절과 32절에서 볼 수 있듯이, 이 비유는 세례

---

26) "대답하여 가로되 싫소이다 하더니 그 후에 뉘우치고 갔는데 둘째 아들에게 가서 또 이같이 말하니 대답하여 가로되 가겠소이다 하더니 가지 아니했으니 그 둘 중에 누가 아비의 뜻대로 하였느뇨 가로되 첫째 아들이니이다 예수께서 저희에게 이르시되 내가 진실로 너희에게 이르노니 세리들과 창기들이 너희보다 먼저 하나님의 나라에 들어가리라(29-31절, 필자 역)"

요한의 사역(마 3:1-12)과 연결되어 있다(마 21:25). 비유의 대상자는 유대의 지도자들(제사장, 장로, 바리새인 등)이며(마 21:23), 비유 속에 등장하는 두 아들은 이방인과 유대인으로 구분되는 것이 아니라, 유대인 공동체 내에서 구분되는 존재들이다. 즉, 세리와 창기(첫째 아들)를 다른 유대 지도자(둘째 아들)와 비교하고 있다. 엄밀한 성경적 관점에서 이방인들을 첫째 아들로 볼 수 없다. 더불어 예수님께서 31절 안에서 "세리들과 창기들이 너희보다 먼저 하나님의 나라에 들어가리라"라고 직접적으로 선포하신다. 이렇게 단언하실 수 있었던 이유는 세리와 창기가 의의 길로 온 세례 요한을 믿은 반면 유다의 지도자들은 여전히 회개하지 않고 세례 요한을 믿으려 하지도 않았기 때문이라고 32절에서 예수님이 말씀하신다. 31절과 32절에서 알 수 있는 점은 첫째 아들이 세리들과 창기를 상징하고(눅 3:10-14 참조), 둘째 아들은 바로 유다의 지도자들을 가리키고 있다는 점이다.

그럼에도, 개역 한글과 개역 개정 성경의 번역처럼 순서가 바뀌더라도 첫째 아들을 유다 지도자들로, 둘째 아들을 세리와 창기로 이해한다면 해석에 문제가 없다. 독자들은 다소 혼란스러울 수 있지만, 두 아들 모두를 유대인의 공동체 안에서 해석하면 바른 성경 해석의 틀에서 벗어나지 않는다는 것이다.

세례 요한은 이사야 40장 3절의 예언을 통해 증명된 하나님께서 보내신 종이다. 그는 회개의 촉구와 침례 의식을 통해 앞으로 오실 메시아를 가리키고 있다. 따라서, 세례 요한의 사역은 메시아이신 예수님의 사역에 대한 준비이고, 세례 요한을 믿지 않는다는 사실이 의미하는 바는 그가 소리 높여 증거한 예수님에 대한 불신이다. 세리 마태와(마 9:9-13) 정결하지 못한 삶을 살았던 여자(눅 7:37-48)는 회개하며 예수님을 믿었던 반면, 이들의 개종까지 목격한 유대의 지도자들은 세례 요한을 믿지도 않았을 뿐만 아니라(마 21:25-26, 32), 예수님을 끝까지 거부했다.

첫째 아들이 아버지에게 포도원에 가지 않겠다고 말한 이후에 뉘우치고 갔다는 사실은 이렇게 해석할 수 있다. 세리나 창기 같은 사람들은 그 당시 유대인 사회에서(특히 바리새인 같은 지도자들에게) 죄인으로 여겨졌다(마 9:11; 눅 7:39). 그들의 삶은 유대의 지도자들이 고수하는 율법주의의 기준에 따라서 타락한 죄인의 삶으로 간주되었다. 그들의 삶이 표면상으로는 하느님의 율법에 순종적이라고 보이지는 않는다. 그들은 처음에 분명 하나님 아버지의 말씀을 거부했다. 그러나, 위의 본문 속에서 보듯이 그들이 이후에 예수님을 영접했다.

이와는 다르게, 둘째 아들은 아버지에게 포도원에 가겠다고 말한 후에 이를 지키지 않았다. 이는 다음과 같이 해석할 수 있다. 유다 지도자들도 처음에는 율법을 한 글자 한 글자 철저히 지키며 하나님의 말씀에 순종하려고 했을 것이다. 그러나, 그들은 점차적으로 (하나님께서 주신) 율법 대신에 (자신들이 만들어놓은 전통을 따르는) 율법주의를 고수하며 실질적으로 하나님의 말씀에 불순종하였다. 다음의 구절을 통해 두 아들의 실질적인 순종의 태도, 즉, 영적 상태에 대해서 생각해볼 수 있다.

"또 자기를 의롭다고 믿고 다른 사람을 멸시하는 자들에게 이 비유로 말씀하시되 두 사람이 기도하러 성전에 올라가니 하나는 바리새인이요 하나는 세리라. 바리새인은 서서 따로 기도하여 가로되 하나님이여 나는 다른 사람들 곧 토색, 불의, 간음을 하는 자들과 같지 아니하고 이 세리와도 같지 아니함을 감사하나이다. 나는 이레에 두 번씩 금식하고 또 소득의 십일조를 드리나이다 하고 세리는 멀리 서서 감히 눈을 들어 하늘을 우러러 보지도 못하고 다만 가슴을 치며 가로되 하나님이여 불쌍히 여기옵소서 나는 죄인이로소이다 하였느니라. 내가 너희에게 이르노니 이 사람이 저보다 의롭다 하심을 받고 집에 내려갔느니라 무릇 자기를 높이는 자는 낮아지고 자기를 낮추는 자는 높아지리라 하시니라(누가복음 18장 9-14절)"

이 비유는 결국 피상적인 의로움(righteousness)과 가식으로 포장한 유대의 지도자들에 대한 신성 기소(divine lawsuit)이다. 그들은 세리와 창기들처럼 내면에서 우러나오는 회개 대신에 그들의 거짓된 의를 앞세워 자신들을 정당화했다. 그들의 마음은 회개 없는 돌과 같이 굳어 있었다. 종교적인 열심, 율법주의, 또는 봉사와 같이 겉으로만 드러나는 모습으로 타인의 인정을 받기 위한 순종은 결코 하나님께서 인정하시는 것이 아니다. 궁극적이면서 진정한 순종은 참된 회개를 동반한다. 따라서, 참된 회개를 드리는 세리와 창기가 먼저 하나님 나라에 들어갈 것이라고 주님께서는 말씀하신다. 산상 수훈 말씀 역시 누가 천국에 들어갈 수 있는지를 우리에게 알려주신다.

"심령이 가난한 자는 복이 있나니 천국이 저희 것임이요. 애통하는 자는 복이 있나니 저희가 위로를 받을 것임이요(마태복음 5장 3-4절)"

여기에서 "가난하다"라고 번역되는 헬라어 단어('πτωχός - 프토코스'의 복수인 'πτωχοὶ - 프토코이')는 '부와 영향력과 지위와 명예의 결핍'뿐만 아니라, '낮은 곳에서 받는 핍박'을 의미한다. 또한, '심령'을 의미하는 헬라어 'πνεῦμα'는 '입김, 호흡, 영' 등을 의미하며 '성령'을 가리키기도 한다. 그 당시 유대 사회에서 영적(심령)으로 가난한 자에 포함되는 사람은 바로 사회적으로 멸시받고 있었던 창기나 세리들이다. 그들은 자신들의 영적 가난을 깨닫고 애통해했다. 이와는 반대로 유대의 지도자들(바리새인, 사두개인, 제사장들)은 율법주의를 고집하고 영적 교만에 빠져 스스로가 심령이 매우 풍요롭다고 판단했다. 그들은 자신들이 회개도 필요 없을 정도로 의롭다고 여기는 사람들이었다. 다시 말하자면, 회개라는 단어 자체가 낯설던 유대의 종교적 지도자들이었다.

주님께서는 위의 본문과 포도원 주인 비유(21:33-46), 결혼 잔치 비유(22:1-14)등의 비유를 통해 이들의 영적 교만을 지적하시며, 그들에게 임박한 심판을 경고하셨다. 이 심판은 하나님의 선민이었던 이스라엘(하나님의 신부)과의 신성 이혼(divine divorce)이다. 트리니티 신학교의 빌 박사와 칼슨 박사는 이러한 비유들을 "이스라엘의 기소(indictment, 21:28-32), 형의 선고(sentence, 21:33-46), 그리고 형의 집행(execution, 22:1-14)"이라 요약한다.[27] 빌 박사와 칼슨 박사의 지적대로 이스라엘의 심판과 율법주의의 종말은 서기 70년에 일어났던 로마군에 의한 예루살렘 성전의 철저한 파괴로 실현되었다. 이 심판의 실현은 우리에게도 엄청난 두려움을 안겨준다.

이 비유는 유대인들이 가지고 있던 선민으로서의 정체성이 옮겨가는 것을 의미한다. 내적으로 가장 멸시받는 계급(창녀와 세리 등)과 외적으로 구별되던 이방인들에게 선민의 개념이 점차적으로 이전됨에 대한 경고이다. 필자는 이 비유들 안에 담겨 있는 경고가 그 당시 이 말씀을 듣던 이스라엘 사람들에게만 한정되어 있다고는 생각하지 않는다. 이 비유들은 21세기를 살아가는 이 시대의 교인들에게도 동일하고 엄밀하게 적용된다고 감히 주장한다. 1세기의 유대인들이 보여준 선민사상과 율법주의에서 나온 그릇된 구원의 확신, 영적 교만과 나태는 현대 교회에서도 드러나고 있다. 출처 없는 전통(새벽 예배, 직분제, 헌금 등)에서 싹트는 영적 교만과 나태가 1세기의 유대인의 모습과 유사하다. 선민이었던 이스라엘을 하나님께서 내치신 성경적, 역사적 교훈은 이 시대를 사는 모든 교인들에게도 기억되어 경종을 울리게 해야 할 것이다. 아울러, 모든

---

27) G. K. Beale and D. A. Carson, eds., *Commentary on the New Testament use of the Old Testament*(Grand Rapids, MI: Nottingham, England: Baker Academic ; Apollos, 2007), p. 74.

교인들은 이 비유들의 결론인 마태복음 22장 14절을 기억하며 자신들이 초청만 받은 자인지 택함을 받은 자인지를 진지하게 고민해야 한다. 그리고 궁극적으로는 구원받은 백성의 유일한 신랑 되신 우리 주 예수 그리스도 앞으로 겸손히 나아가야 할 것이다.

4
진정한 교회의 표지 ③ - 성례(Sacraments)

    진정한 교회의 표지 중 하나인 성례에 대해서도 교인들의 이해가 많이 부족한 것 같다. 남들도 세례를 받으니 나도 받아보자는 생각, 가족 또는 주변인으로부터 받는 압박감(peer-pressure), 자신을 전도한 전도자에 대한 예우 등 적지 않은 교인들이 잘못된 동기들 속에서 세례를 받는다. 또한 성찬식의 경우 그것이 지닌 중요성은 생각지 않고 그저 교회의 절기 행사로만 여긴다. 단도직입적으로 말하자면, 성례를 하는 가장 큰 이유는 주님께서 명령하셨고 우리는 그 말씀에 순종해야 하기 때문이다(마태복음 28:19; 누가복음 22:19). 성례는 그리스도의 은혜의 약속을 눈으로 보고 확인하는 예식이다. 그리고 이 성례는 하나님의 사랑에서 나오는 은혜이다. 다른 교리들도 마찬가지이지만 성례에 대해서 자세한 공부를 원하시는 분들은 웨스트민스터 신앙 고백서를 정독해보기를 추천한다. 여기서는 그 맛보기 차원에서 웨스트민스터 신앙 고백서와 북미개혁장로교회 헌법이 성례를 어떻게 정의하는지를 간략하게 살펴보도록 하자.

    먼저, 신앙 고백서 27장의 첫 번째 항목에서는 성례를 다음과 같이 정의한다.

> 성례는 은혜언약의 거룩한 표와 인이며(holy signs and seals of the covenant of grace), 하나님께서 직접 제정하셔서 그리스도와 그분의 은덕을 재현하고 그분 안에 있는 우리의 권리를 확인하며, 교회에 속한 자들과 세상에 속한 나머지 사람들 사이에 있는 차이를 가시적으로 나타내며, 자기 말씀에 따라 그리스도 안에서 성도들이 하나님을 엄숙히 섬기게 하기 위한 것이다.[28]

북미개혁장로교회의 헌법은 위의 신앙 고백서의 내용에 대해 연합이라는 개념을 함께 강조한다. '교회 공동체가 그리스도의 소유가 되었음을' 성례를 통해 선포한다는 의미이다.[29] 신앙 고백서는 성례가 형식에만 치중하는 것을 또한 우려한다. 27장의 두 번째 항목에서는 영적 관계에 대해서, 그리고 이어지는 세 번째 항목에서는 성례의 효력에 대해 설명한다. 특별히 성례가 주는 은혜의 효과는 '성령의 역사와 성례에 사용되는 하나님의 말씀에 달렸다'고 정리한다.

---

28) 롬 4:11; 창 17:7, 10; 마 28:19; 고전 11:23; 고전 10:16, 11:25, 26; 갈 3:27, 17; 롬 15:8; 출 12:48; 창 34:14; 롬 6:3, 4; 고전 16:21
29) 인용 페이지 전체 문장은 다음과 같다. "성례는 그리스도와 그분의 교회, 그리고 성도들 사이에서 맺어지는 언약 관계에서 오는 연합에 대한 표지이며, 우리가 그리스도의 소유되었다는 공적 선포이다. 성례는 회중들이 함께 드리는 예배 중에 장로들의 주관으로 실행되어야 한다(고전 11:23-24, 10:21; 행 2:42; 민 9:14)."

로마 카톨릭교회는 7가지의 성례(Baptism, Confirmation, Holy Communion, Penance, Matrimony, Holy Orders, Extreme Unction)를 주장한다. 이에 반해 개신교 신자들이 확신하는 성례는 세례와 성찬 두 가지뿐이다. 어떤 성례가 유효하게 되려면 예수님께서 반드시 제정하셨어야 된다. 오직 세례와 성찬, 이 두 가지 성례만이 예수님에 의해 제정되었다(마태복음 28:19; 고린도전서 11:23-25). 따라서, 로마 카톨릭교회에 추가된 다섯 가지의 성례 의식들은 성경적 근거가 없는 인간의 발상이라고밖에 달리 설명할 길이 없다.

✦ 세례

위에서 언급한 바와 같이, 세례는 하나님의 사랑에서 오는 은혜 중 하나이다. 세례는 예수님께서 사도들에게 마지막으로 주신 지상 대명령(The Great Commission)에서도 발견할 수 있다.[30] 이 지상 대명령 속의 세례를 포함하여 웨스트민스터 신앙 고백서 28장 1항은 세례에 대해서 다음과 같이 가르친다.

---

30) "그러므로 너희는 가서 모든 족속으로 제자를 삼아 아버지와 아들과 성령의 이름으로 세례를 주고 내가 너희에게 분부한 모든 것을 가르쳐 지키게 하라 볼지어다 내가 세상 끝날까지 너희와 항상 함께 있으리라 하시니라(마태복음 28장 19-20절)"

세례는 신약의 성례로서, 예수 그리스도께서 제정하셨고, 수세자를 유형 교회에 엄숙하게 가입시킬 뿐만 아니라, 그가 그리스도께 접붙혀짐과 중생과 사죄와 예수 그리스도를 통하여 하나님께 자신을 봉헌하여 새로운 삶을 살 수 있게 하는 은혜언약의 표와 인이다. 이 성례는 그리스도께서 친히 지시하셨기 때문에 그분의 교회에서 세상 끝날까지 계속되어야 한다.[31]

    필자는 1994년 미국 동부에 위치한 어느 장로교회에서 세례를 받았다. 27년 전을 상기해보면, 목사 및 시무 장로들과 몇 주간의 의례적이고 통상적인 세례 문답을 공부한 후 세례를 받았던 것 같다. 이러한 단출한 세례 과정은 실상 대부분의 한인 교회의 모습을 반영한다. 필자가 시무 장로가 된 이후에는 질문자가 되어 동일한 시스템 속에 놓이게 되었다. 세례 문답지를 손에 쥔 채 세례 대상자들에게 의례적이고 통상적인 질문들을 던졌다. 세례 대상자들은 미리 교부된 정답지를 외워 답을 하고는 세례 문답을 너무나 쉽게 통과했다. 답안지 미리 받고 시험 치는 것과 별반 차이가 없었다. 그 당시에도 세례 문답 과정의 효과에 대한 의구심과 과정 자체에 대한 불편한 마음을 가지고 있었다.

    그런데 그 마음이 요 근래에 다시 살아났다. 요크 교수의 책, 『과녁 맞히기(Hitting the Marks)』는 필자가 알면서도 간과했고, 억지로

---

31) 여기서의 유형 교회란 눈에는 보이지만 완전하지 않은 세상 속의 교회를 가리키며, 무형 교회는 눈에 보이지는 않지만 완전한 교회, 즉 천국이 보장된 택자들의 교회를 뜻한다.

망각하려 했던 교회의 실상을 떠올리게 하였다.[32] 이 부끄러움은 잠시이지만, 한국 교회 내의 성경적 세례의 회복은 멈춰서는 안 될 것이다. 그렇다면 성경은 세례에 관해서 어떻게 증거하고 있는가? 첫째, 세례는 우리의 회개를 전제로 한다. 세례 요한은 유대 광야에서 다음과 같이 외쳤다.

"회개하라 천국이 가까왔느니라 하였으니…(중략)…이때에 예루살렘과 온 유대와 요단강 사방에서 다 그에게 나아와 자기들의 죄를 자복하고 요단강에서 그에게 세례를 받더니(마태복음 3장 2절, 5-6절)"

또한 예수님께서도 "회개하라 천국이 가까왔느니라(마태복음 4장 17절)"라고 전파하셨다. 예수님의 제자 역시 동일한 가르침을 전한다. 베드로가 다음과 같이 말한다.

"저희가 이 말을 듣고 마음에 찔려 베드로와 다른 사도들에게 물어 가로되 형제들아 우리가 어찌할꼬 하거늘 베드로가 가로되 너희가 회개하여 각각 예수 그리스도의 이름으로 세례를 받고 죄 사함을 얻으라 그리하면 성령을 선물로 받으리니 이 약속은 너희와 너희 자녀와 모든 먼 데 사람 곧 주 우리 하나님이 얼마든지 부르시는 자들에게 하신 것이라 하고 또 여러 말로 확증하며 권하여 가로되 너희가 이 패역한 세대에서 구

---

32) Barry J. York, *Hitting the Marks: Restoring the Essential Identity of the Church*(Pittsburgh, PA: Crown & Covenant Publications, 2018).

원을 받으라 하니 그 말을 받는 사람들은 세례를 받으매 이 날에 제자의 수가 삼천이나 더하더라(사도행전 2장 37-41절)"

위의 말씀은 세례를 받기 원하는 이들에게는 먼저 죄를 자복하는 회개가 요구되고 있음을 증거한다. 핸드릭슨(William Hendriksen)은 그의 주석에서, "죄의 자백 없이는 세례도 없다"라고 명시한다. 사도행전 2장 37절은 베드로의 설교를 들은 사람들의 마음이 찔렸다고 증거한다. 그들은 그 찔린 마음으로 자신들의 죄를 회개하고 세례를 받았다. 즉, 그들은 자기의 죄들을 통감했고, 자복했다. 그들은 지금까지의 악한 삶을 버리고 새로운 삶을 살기로 다짐했다. 그렇게 회개란 예수 그리스도로 인하여 새로운 삶으로 180도 전향하는 것을 의미한다.

둘째, 세례는 예수님께 대한 절대적인 믿음과 그분의 말씀에 대한 전적인 순종을 전제로 한다. 세례자는 세례를 통하여 자신이 예수님을 따르는 하나님의 백성임을 선포한다. 사탄 역시 그가 하나님의 백성임을 알게 된다. 이는 세례자가 던지는 영적 전쟁의 선포이다. 이제 세례자는 그의 등에 사탄이 겨냥하는 과녁을 붙이고 다니기 시작한다. 세례는 단순히 교회 공동체로 들어가는 수단에 그치지 않는 것이다. 그러나 이와 동시에 세례자는 하나님을 '주님(또는 여호와, The Lord, YAWEH)'이라고 부를 수 있는 특권을 갖게 된다. '주님'이란 호칭은 하나님의 언약의 이름(the covenant name of God)으로, 오직 하나님과 언약 관계에 있는 백성만이 그 이름을 부를 수 있다. 하나님의 언약은 구약 성경에서도 지속적으로 주어졌다. 야곱에게 주신 하나님의 말씀은 무엇이었는가? "나는 여호와니 너의 조부 아브라함의 하나님이요 이삭의 하나님이라 너 누운 땅을 내가 너와 네 자손에게 주리니(창세기 28장 13절)."

지금까지 설명한 두 가지의 내용들을 종합해보면, 첫째, 세례 대상자는 원죄를 포함한 자기의 모든 죄를 통탄해하고 자복하며 회개해야 한다. 아울러 세례 대상자는 주님의 백성으로서 겪을 어떠한 고난도 감수하기를 결심해야 한다. 이것이 예수님이 그분을 따르는 자들에게 요구하신 바가 아니었는가? "또 자기 십자가를 지고 나를 좇지 않는 자도 내게 합당치 아니하니라 자기 목숨을 얻는 자는 잃을 것이요 나를 위하여 자기 목숨을 잃는 자는 얻으리라(마태복음 10장 38-39절)."

초대 교회 당시에는 현대 교회와 같은 세례 교육이 없지 않았냐고 반문하는 이에게, 그 당시의 세례의 의미는 박해의 현장 가운데 서겠다는 다짐이었다고 답하고 싶다. 필자 역시 이 두 가지의 성경적 전제를 쉬 망각하고 살았다. 따라서 다음 같은 질문을 스스로에게 던져본다. "내가 세례를 받았을 때, 과연 나는 내 모든 죄를 인식하고 인정했으며 통탄하며 회개하였던가? 나는 그 어떠한 고난도 감수할 만큼 예수님께 순종하며 그분만을 따르는 삶을 살기로 결심했었는가?" 그러나 그렇지 않았음을 스스로 고백한다.

과연 얼마나 많은 사람들이 필자와 같은 세례의 경험을 가지고 있을까? 정도의 차이는 있어도, 적지 않은 교인들이 필자와 비슷하리라고 조심스럽게 생각한다. 시간이 아무리 오래 걸린다 할지라도 올바른 성경 공부와 교리 공부를 통해 진정한 기독교인을 양성하는 일이 매우 시급하고 중요하다고 생각한다. 그러나, 많은 교회 지도자들은 세례자의 숫자 늘리기에만 집중한다. 한 해에 얼마나 많은 사람이 세례를 받았는지를 통해 교회의 부흥을 가늠할 수 있을까? 타성적이고 형식적인 문답 과정을 거쳐 세례를 주는 현재의 교회 시스템 속에서 얼마나 많은 이들이 세례의 진정한 의미와 중요성을 이해하고 있을까?

세례 대상자라면 주님의 은혜 없이는 구원을 스스로 이룰 수 없다는 자신의 영적 타락 상태를 인지하고, 주님만을 의지하고 매달릴 준비가 되어 있어야 한다. 교회 지도자, 특히 목회자는 세례 받기를 원하는 사람들에게 세례의 진정한 의미를 끈기를 가지고 지속적으로 가르쳐야만 한다. 설사 세례 교육 중에 세례를 재고하는 일이 생긴다 할지라도 말이다. 단지 피상적이고, 타성적인 형식상의 세례는 세례 받는 자와 세례를 주는 자 모두로 하여금 성경적인 점검 사안들을 배제하고 오히려 죄를 범하는 길로 들어서게 할 수 있다.

① 세례의 요소와 방식

웨스트민스터 신앙 고백서 28장 2항은 세례의 요소에 대해 다음과 같이 선언한다.

이 성례에서 사용하는 외적 요소는 물이며, 합법적으로 소명을 받은 복음의 사역자가 이 물로써 수세자에게 성부와 성자와 성령의 이름으로 세례를 베푼다(마 3:11; 요 1:33; 마 28:19, 20).

여기에서 명시된 외형적인 요소는 물이다. 그리고 삼위일체 하나님의 이름으로 정당한 사역자가 집례한다. 한편 세례의 방식에 대해서는 침례만을 고집할 필요는 없으며, "세례자의 머리 위로 물을 붓거나 뿌려서 세례를 집행하여도 무방"하다고 이어서 설명하고 있다(히 9:10, 19-22; 행 2:41, 16:33; 막 7:4).

침례교와 같은 일부 교회에서는 세례자들이 반드시 물속에 잠겨야 한다고 주장한다. 이러한 주장의 주된 이유는 주님께서 침례를 명령하셨고 또한 신약에서 사용된 '세례'를 의미하는 헬라어 'bapto' 혹은 'baptizo'를 침례의 의미로만 받아들이기 때문이다. 그러나 모든 신약 학자들이 이 단어의 원래 뜻을 침례로만 이해하는 것은 아니다.[33] 이 단어는 보다 포괄적으로 '물에 잠기다(put into the water)' 혹은 '물이 위로 덮여지다(the water comes over)'라는 의미를 함께 내포한다.[34] 스프로울(R. C. Sproul) 박사도 "이 단어에는 침례(immersion), 살짝 담금(dipping), 뿌림이나 끼얹음(sprinkling)이라는 세 가지의 의미가 모두 포함되어 있다"라고 설명

---

33) Berkhof, *Systematic Theology*, pp. 629-631.
34) Berkhof, *Systematic Theology*, p. 623. 여기에서 벌코프는 "유아 세례(Infant Baptism)"의 필자인 윌슨(Douglas Wilson)박사의 설명을 인용한다.

한다. 결정적으로, 성경에서는 '주님께서 침례의 방식만을 명령하셨다'는 직접적인 근거를 찾을 수 없다. 이에 대해, 북미개혁장로교회의 헌법은 "우리는 세례의 필수적인 조건이 침례라는 가르침을 거부한다(고전 10:2; 히 6:2, 9:10; 눅 11:38)"라고 명시하고 있다.[35]

여기에서 더 나아가, 일부 침례교회들은 세례 자체에 구원이 있으며, 세례는 진정한 믿음의 고백을 전제한다고 주장한다. 그러한 이유로 스스로 신앙 고백을 할 수 없는 유아들은 세례에서 배제된다. 이러한 사실들에 기반하여 이제부터는 세례와 구원의 연관 관계, 그리고 유아 세례에 대해 잠시 살펴보자.

② 세례에 구원이 있는가?

칼빈을 비롯한 많은 개혁 신학자들은 세례 자체에 구원이 있다는 주장을 부정한다. 스프로울 박사는 이 문제에 관해 다음과 같이 언급하고 있다.

> 세례의 외적 표징은 그것이 의미하는 실체들을 자동으로, 혹은 마법적으로 전달해주지 않는다. 예를 들어 세례가 중생, 즉 거듭남을 나타내지만 세례 자체가 중생을 가져다주는 것은 아니다.[36]

---

35) *The Constitution of the Reformed Presbyterian Church of North America*, 28.3
36) 스프로울, 『기독교의 핵심 진리 102가지』, p. 249.

이 문제에 관해 성경의 예를 가지고 좀 더 생각해보자. 예수님이 십자가에서 고난을 받으셨을 때, 두 명의 죄수들 중 한 명은 예수님을 믿고 주님께서 자기를 기억해주실 것을 간청했다. 예수님은 그에게 "오늘 나와 천국에 있으리라"는 약속을 하셨다(눅 23:40-43). 성경은 그가 세례를 받았는지 직접적으로 언급하지 않는다. 그러나 상식적인 선에서 생각해도 십자가에서 처형을 당하고 있는 죄수가 죄를 회개한 직후 그곳에서 세례를 받았다고 설명하기는 어렵다. 이 작은 사실 자체로도 '세례에 구원(중생)이 있다'는 주장은 매우 심각한 도전을 받는다.

또 하나의 예로 가룟 유다를 보자. 그는 열두 사도들 중 한 명으로 3년 동안 예수님을 따라다니며 직접 배우고 동거했던 사람이었다. 모든 사도들의 개별적인 세례를 성경이 일일이 기록하고 있지는 않지만, 그들이 세례를 주었다는 사실에(요 4:2) 기반하면, 제자들 역시 그들이 사역을 시작하기 전에 이미 세례를 받았을 것이라는 유추가 가능하다. 만약 가룟 유다 역시 세례를 받았다면, 그의 배반은 그가 받은 세례를 통해 자동적으로 중생했다는 가능성을 일축한다. 이 점에 대해 북미개혁장로교회 역시 누가복음(23:39-43) 과 사도행전(8:13, 18-23, 10:47)의 성경 구절을 인용하며 '세례 없이 어떤 사람도 구원받을 수 없다'는 주장과 '세례에 의해 사람들이 중생된다'는 가르침을 배척한다.[37]

---

37) *The Constitution of the Reformed Presbyterian Church of North America*, 28.8.

그러므로, 세례는 믿음의 증표(sign)이지, 믿음 자체는 아니다. 구원의 필수 조건인 믿음은 세례를 통해서 생기는 것이 아니라, 성령 하나님께서 그분의 은혜로 말미암아 영적으로 죽었던 영혼을 중생(regeneration)시키실 때만 허락되는 하나님의 절대적인 선물이다.

③ 유아 세례

모든 개신교회가 유아 세례를 인정하는 것은 아니다. 특별히 침례교회들은 유아 세례를 확고하게 거부한다. 그들은 세례가 사람들의 믿음의 고백을 전제해야 하는데 유아들은 그러한 능력이 없다고 주장한다. 이 논제를 다루기 위해서는 먼저 신약과 구약에서 보여주는 은혜의 표지(sign)에 대해 살펴볼 필요가 있다.

신약의 세례와 구약의 할례(circumcision)는 비록 겉모습은 다르지만, 그 행위들이 의미하는 바는 동일하다. 할례와 세례는 하나님의 은혜의 약속을 받은 백성(the covenant people of God)들에게 보이는 표지인 것이다. 구약의 할례는 하나님께서 아브라함을 통해 구약의 교회(하나님의 선민)에게 명하신 하나님의 약속의 표지이다.[38] 이와 같이, 신약의 세례는 온 세상의 모든 믿는 자들(신약의 교회)에게 예수님께서 명하신 동일한 하나님의 약속의 표지이다.

---

38) 창세기 17:7-14

따라서, 이 두 성례의 겉모습은 다르지만 그것이 의미하는 바는 동일하다. 구약의 선민인 이스라엘도 하나님의 실질적 선민인 영적 이스라엘(spiritual Israel)을 가리키지, 이스라엘이라는 나라 혹은 민족(Israel nation or race) 자체를 의미하는 것은 아니다.[39] 아브라함에게 속했던 백성 중에는 이방인들도 이미 포함되어 있었고(창 17:12), 야곱(이스라엘)의 가족들 중에도 이방인들이 포함되어 있었다(창 46:26). 성경의 기록들은 하나님께서 계획하신 구원이 모든 열방을 향하고 있었음을 구약에서부터 이미 보여준다. 필자가 강조하고 싶은 점은 겉모습은 달라 보여도 구약과 신약은 별개가 아니라 지속된 하나님의 약속과 그 실현이라는 점이다.

문자적으로 성경을 이해하고자 한다면, 성경에서는 유아 세례에 대해 긍정도 부정도 하지 않는다고 말해야 할 것이다. 그러나 유아 세례를 암시하는 여러 내용들이 성경의 여기저기에서 발견되고 있다. 믿음의 조상이라고 불리는 아브라함은 성년 이후에 믿음을 가지게 됐고, 믿음의 고백으로 할례를 받았다. 그러나 그의 아들 이삭은 믿음이 생기기 전인 생후 8일 만에 할례를 받았다(창 21:4). 하나님께서 이삭이 믿음을 갖기 전에 믿음의 표지를 받으라고 명령하셨기 때문이다(창 17:10).[40] 신약의 사도행전 2장 38-39절에 기록된 베드로의 선포는 이와 관련해서 매우 중요한 사실을 말하고 있다.

---

39) 로마서 9:6-8
40) 스프로울, 『기독교의 핵심 진리 102가지』, p. 252.

"베드로가 가로되 너희가 회개하여 각각 예수 그리스도의 이름으로 세례를 받고 죄 사함을 얻으라 그리하면 성령을 선물로 받으리니 이 약속은 너희와 너희 자녀와 모든 먼 데 사람 곧 주 우리 하나님이 얼마든지 부르시는 자들에게 하신 것이라 하고(사도행전 2장 38-39절)"

우리가 이 말씀을 통해서 관찰할 수 있는 사실은 신자들의 자녀는 하나님의 약속의 관계(covenantal relationship) 속에 포함되어 있다는 점이다.[41] 또한, 사도행전 16장 25-34절에서도 간수와 그의 온 가족이 세례를 받았다고 기록한다. 물론, 간수의 가족 구성원 중에는 어린 아이들은 없었다고 주장할 수도 있다. 그러나 이를 증명할 수도 없다. 그뿐 아니라, 신약에 기록된 세례 중 대략 25%가 가족 전체를 대상으로 하는 세례였음을 감안하면, 세례 받은 가족들 중에 유아들이 포함됐을 가능성은 더욱 높아진다. 다시 말하면, 성경에 기록된 예를 인용해서 유아 세례를 부정하기보다는 긍정적으로 보는 것이 더 타당하게 보인다.

실제적인 면에 있어서, 유아 세례를 받는 자녀의 부모 중 적어도 한 명은 신앙을 고백하는 교인이어야 한다(필자 개인적으로는 두 사람 모두가 신자이기를 바란다. 교회에 출석조차 하지 않는데, 세례식에만 참석하는 것의 목적이 순수할 수 있겠는가? 성찬과 마찬가지로 자신을 점검하지 못하고 세례에 참가하는 것은 죄를 더욱 쌓는 것이다). 부모는 유아 세례

---

41) 그러나, 이 말씀은 그 자녀들이 자동적으로 하나님의 백성, 즉 '하나님께서 택하신 자녀(God's elect)'임을 의미하는 것은 아니다.

의 서약대로 자녀가 그리스도의 사람으로 성장할 수 있도록 최선을 다해 양육해야 하는 의무가 있다. 부모는 자녀가 말씀을 듣고 기도하며 궁극에는 그리스도를 사랑하도록 양육의 방향을 설정해야만 한다.

유아 세례에 대해 마무리하기 전에 한 가지만 더 생각해보고자 한다. 적지 않은 사람들이 세례의 횟수를 놓고 고민한다. 특별히, 성년이 되어 회심한 이들이 유아 세례를 받았음에도 불구하고 자신의 신앙 고백을 기반으로 하여 또 다른 세례를 원하는 경우가 있다. 이 고민에 대해서 우리는 하나님의 속성 중 그분의 전지전능하심과 시간의 초월성, 그리고 불변하심을 묵상해볼 필요가 있다. 결론을 말하자면, 세례는 하나님의 약속의 징표로서 단 한 번으로 충분하다. 신앙 고백서 역시 이렇게 서술하고 있다. "세례 의식은 어떠한 사람에게든지 오직 한 번만 베풀어져야 하는 것이다(28장)."

✦ 성찬

이제부터는 성찬에 대해 생각해보자. 요크 교수는 그의 책 『과녁 맞히기』에서 성찬에 대해 다음과 같이 정리한다.

> 성찬은 우리를 향한 하나님의 지속적인 사랑의 표현이다…(중략)…우

리에게는 의존의 징표와 그것을 경험할 수 있는 수단이 필요하다. 그것이 바로 성찬의 목적이다. 만약 세례가 교회로 들어가는 일회적인 성례라면, 성찬은 교회 안에서 지속되는 반복적인 성례이다. 성찬은 복음의 표시, 즉 예증이다. 이 표시는 우리가 부활하시고 살아 계신 구세주와의 교제를 경험할 수 있도록 하나님께서 제정하신 지속적인 방법이다.[42]

성찬은 마태복음 26장 26-28절에서 예수님과 사도들이 함께한 유월절(Passover) 식사에서 소개되었다.[43] 주님께서 유월절에 성찬을 소개하셨던 것은 결코 우연일 수는 없다. 그 이유는 성찬식과 유월절이 하나님의 구원의 은혜를 동일하게 의미하기 때문이다. 신학자 벌코프(Louis Berkhof)도 그 둘의 관계를 다음과 같이 설명한다.

신약의 말씀(고린도전서 5장 7절)은 유월절에 대표성을 부여한다. 그러므로 신약은 유월절을 통해 이집트로부터의 해방을 상기할 뿐만 아니라, 죄의 속박에서의 구원, 그리고 언약의 메시아 안에서 얻는 하나님과의 교제의 표지와 증표를 본다. 예수님께서 성찬을 제정하심은 유월절의 희생양과 연결된다. 예수님은 전자(유월절)의

---

42) York, *Hitting the Marks*, p. 72. 이와 함께 웨스트민스터 신앙 고백서 29장 1항에서 표현된 성찬의 정의와 목적을 함께 읽어보기를 권장한다. "우리 주님 예수께서는 그가 잡히시던 날 밤에, 그의 몸과 피로 세우신 성례, 곧 성찬을 제정하여, 그의 교회에서 세상 끝날까지 지키도록 하셨는데, 이는 그가 죽으심으로 자신을 친히 희생 제물로 드린 것을 영구히 기념케 하시고, 참 신자들에게 그 희생이 주는 모든 은혜들을 보증하시며, 그 안에서 그들이 영적인 양식을 먹고 성장케 하시며, 그들이 그에게 마땅히 행해야 되는 의무들을 보다 충성스럽게 이행케 하시며, 그들이 그와 더불어 갖는 교통과 그의 신비한 몸의 지체들로서 그들 상호간에 갖는 교통의 매는 줄과 보증이 되게 하시기 위함이다."
43) 누가복음 22장 19절과 고린도전서 11장 24-26절도 함께 살펴볼 만하다.

요소를 사용하셔서 후자(성찬)로의 매우 자연스러운 전환을 이끄셨다.[44]

그렇다면, 과연 성찬식은 구체적으로 무엇을 의미하는가? 칼빈의 정의를 빌린 스프로울 박사의 정의는 우리에게 큰 도움을 준다. 스프로울 박사는 하나님으로부터 선택받은 자들이 성찬을 통해 가지는 '주님과의 친교(communion)'를 강조한다. 주님께서 그의 신적 임재 가운데 우리를 만남으로써, 우리는 그의 인간적 임재 안으로 들어간다. 때문에 우리는 주의 만찬에서 하늘나라를 맛본다.[45] 아래는 필자가 벌코프의 조직 신학과 칼빈의 기독교 강요에서 발췌, 정리한 내용이다.

먼저 벌코프의 조직 신학에서 가르치는 성찬이다.

i. 하나님의 백성들의 유익을 위하여 대속하신 그리스도의 희생적인 죽음을 상징적으로 표시
ii. 그리스도의 희생적인 죽음으로 확정된 은혜의 보증을 상징
iii. 빵과 포도주가 사람에게 주는 유익과 같이, 영혼의 생명력을 유지하기 위한 수단
iv. 예수 그리스도의 몸을 구성하는 다른 신자들과의 영적인 연합

위의 내용과 더불어 존 칼빈이 설명한 성찬의 의미 중 세 가지를

---

44) Berkhof, *Systematic Theology*, p. 644.
45) 스프로울, 『기독교의 핵심 진리 102가지』, p. 255.

더 살펴보자.[46]

　i. 신자들이 마음을 높여 하늘의 성부 하나님 우편에 앉아 계신 주님을 찾는 선포
　ii. 그리스도의 죽음이 우리의 생명임을 선포
　iii. 주님과 그분의 백성 사이의 사랑과 성도들 사이에 있는 사랑의 선포

　지금까지의 내용들을 종합해보면, 성찬에 참여하는 모든 성도들은 성령님을 통해 영적으로 임재하시는 주님과 신비롭게 연합되어 천국을 맛보게 된다는 것으로 정리할 수 있다. 이와 동시에, 성화를 통해 그에 반드시 필요한 영적 영양분을 공급받으며 지속적으로 주님과 성도를 향한 사랑을 실천하게 된다.
　여기에서 주님과 연합된다는 의미는 다음과 같다. 예수님은 신성과 인성을 모두 소유하신다. 승천하신 예수님께서는 인성을 소유하신 채 천국에 계신다. 그러나 신성의 예수님은 성령님을 통해 성찬식에서 성도들과 영적으로 친교하신다. 즉, 우리로 하여금 예수님께서 계신 천국을 경험하도록 도우신다. 예수님께서 성령 하나님에 대해서 전하신 말씀을 기억할 필요가 있다. "내가 떠나가는 것이 너희에게 유익이라 내가 떠나가지 아니하면 보혜사가 너희에게로 오시지 아니할 것이요 가면 내가 그를 너희에게로 보내리

---

46) Calvin, *Institutes of the Christian Religion*, 21:1413-1416.

니…(요한복음 16장 7절)."

① 잘못된 성찬 교리

비성경적인 성찬 교리는 언제나 우리 주변에 도사리고 있다. 그 중 대표적인 오류로 로마 카톨릭(Roman Catholic Church)과 루터파 교회(the Lutheran Church)를 생각해보자. 로마 카톨릭은 '화체설(transubstantiation)'을 주장한다. 간단하게 말하면, 신부의 축사를 통해 성찬의 요소인 떡과 포도주가 그리스도의 실제적인 몸과 피로 변한다는 것이다. 이와 비교하여 루터교의 주장은 '공재설(consubstatiation)'로 불린다. 루터파 교회에서도 그리스도의 몸과 피가 떡과 포도주 안에 함께 있거나 또는 그 안에 있다고 설명한다. 들었을 때 유사해 보이는 이 둘의 교리는 신앙 고백서 29장과 절대적으로 반대된다. 신앙 고백서는 "성찬의 요소들은 그리스도의 살과 피를 상징(마태복음 26장26-28절)"하며 "실체와 본질에 있어서는 그냥 떡과 포도주일 뿐"이라고 기록한다. 그러므로 신자들은 겉으로 보기에는 그저 물질적 요소들인 떡과 포도주를 받으면서 '내면적으로는 십자가에 못 박히신 그리스도를 믿음으로 받아 그의 죽으심이 가져온 모든 혜택(신앙 고백서 29장 7항)'을 받는 것이다. 따라서 화체설과 공재설에 대해서는 다음과 같이 반대한다.

떡과 포도주의 본성이 신부(神父)의 봉헌이나 다른 방법으로 그리스도의 몸과 피의 실체로 변한다는 소위 화체설은 성경뿐만 아니라 상식과 이성에도 모순되며, 성례의 본성을 뒤엎고, 과거에도 그랬고 현재에도 갖가지 미신과 실로 끔찍한 우상 숭배의 원인이다(29.6)…(중략)…이때 그리스도의 몸과 피는 빵과 포도주 안이나 그것들과 더불어 또는 그것들 아래에 몸으로나 육적으로 임재하지 않는다. 오히려 그리스도의 몸과 피는 그 규례 안에서 실재(實在)로, 그러나 영적으로 신자들의 믿음에 임한다. 이것은 마치 요소들이 외적 감각들에 감지되어 임하는 것과 같다(29.7).[47]

요한복음 6장 32-58절을 통해서도 이를 증명할 수 있다. 예수님의 많은 추종자들이 예수님의 몸과 피를 취해야 한다는 말씀을 듣고 예수님을 떠나고 다시는 돌아오지 않는다(요한복음 6:66). 그들은 예수님의 말씀을 액면 그대로 받아들였다. 예수님은 직전에 "살리는 것은 영(요한복음 6:63)"이라고 설명하시면서 '영'이라는 의미를 강조하셨다. 물론 그럼에도 많은 이들은 예수님을 믿지 않았다. 중요한 점은 예수님께서 첫 번째 성찬을 제정하실 때(마태복음 26:26-28; 누가복음 22:19) 사용하신 성찬의 요소(빵과 포도주)들을 요한복음 6장 63절과 연결시켜야 한다는 것이다. 예수님께서 성찬 중에도 영으로 함께 하신다는 의미를 잘 이해한다면 화체설과 공재설

---

47) 웨스트민스터 총회는 화체설에 대해서는 사도행전 3장 21절, 고린도전서 11장 24-26절, 누가복음 24장 6절, 39절을 증거 성경 구절로, 공재설에 대해서는 고린도전서 10장 16절을 증거 성경 구절로 채택했다.

은 그리스도의 말씀 밖에 있다고 볼 수밖에 없다.

② 성찬식의 횟수

　필자가 지금까지 경험해왔던 한인 교회들은 성찬식을 하나의 절기 행사로 간주하는 경우가 많았다. 어떤 교회는 1년에 두 번(부활절과 성탄절), 어떤 교회는 분기에 한 번, 또 어떤 교회는 격월로 성찬식을 시행한다. 성찬의 횟수는 각 당회에 따라 결정된다고 말할 수 있다. 물론 성경에는 성찬의 횟수에 대해서는 별도의 명령을 주지 않았다. 예수님께서 특별한 성찬 일정표를 교회에 주시지는 않았지만, 정기적으로 시행할 것을 분명하게 말씀하셨다. 정기적인 성찬의 실행 안에서 교회는 그리스도의 희생을 선포할 것을 명령받았다. 고린도전서 11장 26절을 되새겨보자. "너희가 이 떡을 먹으며 이 잔을 마실 때마다 주의 죽으심을 오실 때까지 전하는 것이니라." 또한 북미개혁장로교회의 헌법 역시 '회중의 필요에 따라 당회가' 반복적으로 성찬을 집례해야 한다고 명시한다. 성도는 성찬을 통해 "세례 때에 서약한 언약의 관계를 지속적으로 고수"하게 된다(29장 1항).
　현대의 많은 한인 교회가 초대 교회의 모습을 닮고 싶어 한다. 그렇다면, 성찬식의 횟수에 대한 논제에 관해서도 사도행전에 기록된 예들을 가지고 고민할 가치가 있다고 본다. 누가는 다음과 같이 기록한다.

"저희가 사도의 가르침을 받아 서로 교제하며 떡을 떼며 기도하기를 전혀 힘쓰니라…(중략)…날마다 마음을 같이하여 성전에 모이기를 힘쓰고 집에서 떡을 떼며 기쁨과 순전한 마음으로 음식을 먹고(사도행전 2장 42절, 46절)"

여기에서 우리는 초대 교회 내에서는 성찬의 횟수가 매우 잦았음을 알 수 있다. 필자가 성찬을 매주 시행해야 한다고 주장하는 것은 아니며 각 교회의 형편상 적절하게 성찬의 횟수를 결정해야 한다는 점에도 동의한다. 그러나 성찬식의 횟수와 관련하여 우리가 더욱 주시해야 할 내용은 바로 신자들의 자세이다. 성도는 성찬에 대한 헌신(devotion)과 기쁨(gladness), 그리고 순전한 마음(sincere hearts)에 주목해야 한다. 이러한 자세는 성찬의 필요와 횟수에 기인할 수 있을 것이다. 외형적인 면 이상으로 초대 교회의 내면적 모범을 현대 교회가 주의 깊게 살펴보고 따라가야 한다.

사도행전 2장 46절에 언급된 "집에서 떡을 떼며"라는 문구에 대한 오해의 가능성 때문에 추가적인 설명이 필요하다. 이 구절이 개인적인 성찬식 또는 가정에서의 자체적인 성찬식을 지향하는 것은 아니다. 당시에는 많은 그리스도인들이 성전에 모여 함께 떡을 떼는 것이 불가능했다. 그러므로 가정마다 모일 수 있는 사람들만 함께 모여서 떡을 뗀 것으로 성경학자들은 이해한다. 신자가 기억해야 할 것은 신앙 고백서의 설명처럼 성찬은 사적인 행위가 아니라 회중(교회)이 모인 가운데 함께 실행되어야 한다는 점이다.

사사로운 미사나 신부, 혹은 그 밖의 다른 이를 통해 홀로 성례를 받는 것은 잘못이다(고전 10:6). 또 잔을 일반 회중에게 나누어 주지 않고 거행하거나(막 14:23; 고전 11:25-29), 떡과 포도주를 숭배하는 마음으로 절을 하거나 높이 쳐들어올리며 이리저리 돌아다니거나, 참석하지 못한 자들을 위하여 혹은 다른 신령한 용도를 이유로 그것을 남겨두는 것 등은 성찬의 본질에도 위배되고 그리스도께서 이 예식을 제정하신 본래의 뜻에도 어긋난다(마 15:9).[48]

요약하자면, 성찬식을 연중행사와 같이 진행하는 것은 바람직하지 않다. 이는 비성경적이다. 그리고 성찬식의 횟수보다 더 중요한 것은 교회가 갖고 있는 성찬식에 대한 자세이다. 성찬은 주님께서 은혜에 따라 주시는 영적 영양분을 표면적으로 확증하는 매우 중요한 영적 의식이다. 따라서, 성찬에 참여하는 신자는 자신의 영적 상태를 점검하고, 하나님의 은혜인 성찬을 기대감과 감사함으로 받아야 한다. 흔히 성찬을 눈으로 보는 설교라고도 말한다. 말씀을 듣는 자세와 같이 영육간에 자신을 점검하며 성찬에 합당한 자로 준비되어야 한다.

③ 성찬의 대상자

앞에서 살펴본 웨스트민스터 신앙 고백서 29장 1항의 선언과는

---

48) 웨스트민스터 신앙 고백서 29장 4항

달리, 적지 않은 교회들이 더 많은 사람을 포용한다는 명분 아래 세례를 받지 않은 불신자들까지 성찬식에 참여하기를 권유 또는 묵인한다. 어떤 목사는 다음과 같이 그 이유를 밝혔다. "불신자가 성찬식에 동참한 후에 믿음을 가지게 된 사례가 있기에 우리 교회에서는 모든 사람들이 성찬에 참여할 수 있게 합니다." 그러나 이에 대한 성경적인 근거를 물었을 때에 그 목사 역시 이러한 성찬의 개방이 비성경적임을 약간의 망설임과 함께 인정했다. 불신자는 하나님을 믿지 않는 자이다. 불신자가 그의 불신앙의 영적 상태 속에서 주님의 몸을 분별할 줄 알고 하나님께서 명령하신 성찬식에 참가할 수 있다고 하는 건 그 자체로 어불성설이다. 물론 "하나님이 역사하시면 모든 것이 가능하다"라고 주장하며 이러한 자유분방한 성찬식을 정당화하려고도 할 것이다. 그러나, 이 주장은 다음의 간략한 이유들에 의해 성경적으로 반박된다.

    i. 하나님은 질서의 하나님이시다. 따라서 하나님은 그분의 법 자체를 스스로 위반하지 않으시며, 그분의 법에 따라 인간(택자)의 죄를 구속하시기 위해 그분의 독생자를 희생시키셨다. "죄의 삯은 사망이요 하나님의 은사는 그리스도 예수 우리 주 안에 있는 영생이니라(로마서 6:23)." 하나님의 정의(justice)를 지키기 위해서 독생자 예수 그리스도의 희생을 감행하신 하나님께서 왜 본인이 명령하신 것을 아무 근거도 없이 위반하시겠는가? 만약 하나님께서 역사하신다면 불신자의 영을 먼저 중생(regenerate) 시키시고 믿음을 허락

하시며 세례를 받도록 하셨을 것이다. 왜냐하면 그분은 공의와 질서의 하나님이시기 때문이다.

ii. 세례가 구약의 할례(circumcision)와 직결되듯이 성찬은 구약의 유월절(Passover)과 직결돼 있다. 당시 구약의 이스라엘은 선택받은 하나님의 공동체(divine community)이자 믿음의 공동체였다. 따라서 신약 시대에서 성찬식 참여는 믿음을 전제로 한다. 그러므로 세례식을 통해 자신들의 신앙을 공적으로 선포한 믿음의 사람들만이 성찬에 참여해야 한다.

거듭 말하지만, 성찬식은 모든 사람에게 주어지는 것은 절대 아니며 오직 하나님께서 선택하신 자에게만 유효하다. 신자라 할지라도 자신의 영적 상태를 분별한 후에야 참석할 수 있다. 그렇기에 불신자를 성찬에 참가시키는 판단은 그들로 하여금 죄를 먹고 마시게 하는 심각한 결과를 초래한다(고전 11:27-32). 따라서, 목사는 성찬에 참석할 수 있는 자격에 대해 진중하게 경고해야 한다. 아무에게나 성찬을 허락하는 교회 지도자들은 야고보서의 말씀을 떨리는 마음으로 고민해야 할 것이다.

"내 형제들아 너희는 선생된 우리가 더 큰 심판 받을 줄을 알고 많이 선생이 되지 말라(야고보서 3:1)"

5
진정한 교회의 표지 ④ - 권징

진정한 교회의 또 하나의 표지는 권징이다. 권징은 한인 교회뿐 아니라 서구 교회에서도 잊혀져왔다. 권징이란 정통적인 기독교 신앙 고백과 크게 모순되거나, 교회의 정립된 교리나 질서를 방해 또는 파괴하며, 그들의 삶 속에서 그리스도의 명예와 영광, 교회의 신성함 등을 더럽히는 범죄한 교인에게 교회가 내리는 징계이다. 이단적인 성경 해석과 가르침, 이단적인 예식의 실행 등 교회 공동체와 질서에 위협을 가하는 목회자 역시 권징 대상에 포함한다. 여기서 중요한 사실은 권징 역시 말씀에 근거해서 시행해야 한다는 점이다.

✦ 권징에 대한 교회의 권한

권징을 논하기에 앞서, 신자들이 왜 교회에 가야 하는지에 대해서 생각해볼 필요가 있다. 누군가는 기독교 방송에서 송출되는 목사님들의 설교를 듣고 개인적인 묵상과 기도를 지속하면 기독교인이 될 수 있다고 주장한다. 이러한 생각은 아주 위험하고 비성경적이다. 그 이유는 교회란 각 개개인을 지칭하는 게 아니라, 글자 그대로 교인들이 함께 모여 있는 살아 있는 공동체이기 때문이다. 우리는 완전하지 못할 뿐 아니라 연약한 존재들이다. 우리 모두는 서로의 모자람을 채우고 보충하면서 성령님의 도움으로 사단의 공격에 대항하며 성화의 과정을 밟는다. 만일 어떤 사람이 혼자 예배를 드리며 기독교인이라 주장한다면, 그 사람은 필시 완전무결해야만 할 것이다. 그러나 예수님 이외에 완전무결한 사람은 없다.

또한, "교회 밖에서는 정상적으로 구원을 받을 수 없다"라는 신앙 고백서(25장 2항)의 내용을 되짚어보자. 이 말의 의미는 교회에는 하나님께서 주시는 어떠한 권한이 있다는 것이다. 교회의 머리는 예수 그리스도이시다. 성도들은 그리스도의 말씀으로 세워지는 교회의 지체가 된다. 권징을 비롯한 교회 운영과 치리를 위해 주님께서 교회 지도자들에게 권한을 주신다. 신앙 고백서 30장의 첫 번째와 두 번째 단락이 이 사실을 잘 설명해주고 있다.

신앙 고백서 30장 1항 교회의 왕이시고 머리이신 주 예수께서는 교회의 직원들에게 치리권을 제정해주셨는데, 그것은 세상 정권과 구별되어 있다(사 9:6, 7; 딤전 5:17; 살전 5:12; 행 20:17, 18; 히 13:7, 17, 24; 고전 12:28; 마 28:18-20).

신앙 고백서 30장 2항 이 교회의 직원들에게 천국 열쇠(치리권)가 맡겨졌다. 그들은 위임받은 치리권에 의하여 죄를 맬 수도 있고 풀어줄 수도 있으며, 말씀과 권징을 실시하여 회개하지 않는 자에게는 천국 문을 닫기도 하고, 회개하는 자에게는 그것을 열어주는 권세를 가지고 있다

(마 16:19, 18:17, 18; 요 20:21-23; 고후 2:6-8).

위에서 언급한 교회의 직원들은 장로들을 의미한다. 장로교회의 정치 체제는 장로들에 의한 대의 정치 체제이다. 이 사실은 증거 성경 구절에서 논하는 천국 열쇠와 함께 명확하게 전달된다(마태복음 16장 19절; 18장 17-18절).

✦ 권징의 목적

웨스트민스터 신앙 고백서 30장의 세 번째 단락은 권징의 필요와 목적에 대해 다음과 같이 설명한다.

> 교회의 권징은, 과오를 범한 형제를 교정하여 다시 얻기 위함이며, 다른 이들이 같은 과오를 범하지 않도록 방지하며, 누룩이 온 덩어리에 퍼지지 않도록 제거하며, 그리스도의 명예와 복음에 대한 거룩한 고백을 옹호하며, 또 하나님의 언약과 그 언약의 인(印)들을 사악하고 완악한 범

죄자들이 더럽히도록 교회가 방치할 때, 교회에 임할 하나님의 진노를 막기 위하여 필요하다(고전 5, 11:27-34; 딤전 1:20, 5:20; 마 7:6; 유 1:23).

요약하자면, 권징을 통해 교회는 범죄한 교인을 교정하고, 다른 교인들로 하여금 유사한 죄를 짓지 않게 도우며, 교회의 순결과 평안을 유지하고, 복음의 진실을 수호하고, 교회 전체에 부어질 하나님의 진노를 피한다.[49] 그리스도인은 경건을 향한 열망과 지속적인 성장을 이루고자 모든 방법에 참여해야 한다. 이 권징은 은혜 안에서 우리를 성장시키는 지속적인 방법 중 하나이다.[50]

✦ 권징의 단계

권징은 죄의 경중에 따라 단계를 거치며 지혜롭게 시행해야 한다. 신앙 고백서는 죄의 경중에 따라 권고(admonition), 일시적 수

---

49) *The Constitution of the Reformed Presbyterian Church of North America*, E-3
50) 북미개혁장로교회의 헌법은 권징의 목적을 다음과 같이 설명한다. "권징의 목적은 교인의 삶 속에서 구속적인 변화(redemptive change)와 경건을 향한 지속적인 성장을 이루게 하기 위함이다. 우리 모두가 비록 죄를 짓지만, 그리스도인으로 계속해서 의로움을 지향하고 은혜 안에서 개개인 성장할 수 있는 모든 방법에 참여해야 한다. 따라서, 그리스도인은 사랑과 선행 안에서 서로를 격려하는 선례들을 보여야 한다(히브리서 10장 24절). 권징은 긍정적인 동시에 부정적이다. 권징은 은혜 안에서 우리를 성장시키는 지속적인 방법 중 하나이기에, 모든 교인들의 책임이 된다. 교인은 모든 권징 대상자에게 우려를 표하는 동시에, 그들을 향한 사랑을 나타내어 그들이 회개하도록 도와야 한다."

찬 정지(suspension from the sacrament of the Lord's Supper for a season), 그리고 출교(excommunication from the Church)의 조치를 취하라고 가르친다.[51] 이와 유사하게, 개혁장로교회는 그들의 권징 조례 4장에서 다섯 종류의 권징 절차를 나열한다. 모든 공적 권징은 죄목과 권징 절차를 문서로 작성하여 권징 대상자에게 전달된다. 각 절차는 다음과 같이 요약할 수 있다.

i. 권고(Admonition): 가장 가벼운 권징으로, 교인의 의무에 태만할 때 보다 신실한 신앙생활을 권고하는 가벼운 질책과 경고이다.

ii. 견책(Rebuke): 권징의 두 번째 단계는 견책이다. 권고를 통한 질책과 경고에도 불구하고 권징 대상자가 지속적이고 능동적으로 범죄하는 경우의 권징이다. 이 권징을 통해 교회는 예수 그리스도의 이름으로 강권적인 책망과 함께 대상자의 회개와 삶의 개선을 요구한다.

iii. 수찬 정지(Suspension): 세 번째 단계는 교인의 성찬 참여를 중지하는 것이다. 직분자들의 경우는 사역에서도 일시적으로 배제된다. 교회 법정은 심각한 죄를 범하고 이를 지속적으로 저지르는 교인을 예수 그리스도의 이름으로 공적으로 선포한다. 이 권징의 해제는 권징을 받는 사람의 회개의 증거에 달려 있다.

iv. 직분 박탈(Deposition): 네 번째 권징에서는 교회 직분(장로와 집사)을 박탈하고 교인의 특권을 정지한다. 직분 박탈의 권징은 교리 또는

---

51) 이에 대한 증거 성경 구절은 다음과 같다. 살전 5:12; 살후 3:6, 14, 15; 고전 5:4, 5, 13; 마 18:17; 딛 3:10.

삶에 있어서 매우 심각한 죄를 지었을 때 부여된다. 직분 박탈은 교회 당회장에 의해 예수 그리스도의 이름으로 공적으로 선포된다. 치리 장로의 안수 박탈은 지역 교회의 당회(Session) 또는 노회(Presbytery)에 의해 진행되지만, 교육 장로(목사)의 박탈은 노회에 의해서만 가능하다. 이 권징의 해제 역시 회개의 증거에 달려 있다.

v. 출교(Excommunication): 출교는 교인을 유형 교회에서 축출하는 가장 심각한 권징이다. 출교는 정통 기독교의 신앙 고백과 크게 모순될 때, 교회의 정립된 교리와 질서를 뒤엎을 때, 하나님의 율법을 지속적으로 모독하는 것과 같은 사악한 죄를 범할 때에만 선고해야 한다. 출교를 선고하기 전, 교회는 범죄자가 회개에 이르도록 가능한 모든 노력을 기울여야 한다. 교회 법정은 확실한 방법들을 통해 범죄한 교인에게 출교 선고를 전달해야 한다. 출교는 예수 그리스도의 이름으로 교회의 당회장에 의해 선포되며, 하나님의 자비와 죄인의 회개를 간구하는 기도를 올려야 한다. 또한 교회 법정은 회중에게 출교의 이유를 공식적으로 알려야 한다. 회중은 출교자를 유형 교회의 밖에 있는 불신자, 즉 회개와 구원이 필요한 사람으로 간주한다.

존 칼빈은 출교를 '저주(Anathema)'와 비교하며 설명한다.[52] 저주

---

52) "만일 누구든지 주를 사랑하지 아니하면 저주를 받을지어다(고린도전서 16장 22절)"; "우리나 혹 하늘로부터 온 천사라도 우리가 너희에게 전한 복음 외에 다른 복음을 전하면 저주를 받을지어다; 우리가 전에 말하였거니와 내가 지금 다시 말하노니 만일 누구든지 너희의 받은 것 외에 다른 복음을 전하면 저주를 받을지어다(갈라디아서 1장 8-9절)"

로 사용된 헬라어는 원래 레위기 27장 28-29절의 히브리 원어 '헤렘'에서 유래되었는데, 그 의미는 '전적으로 파괴되어 다시는 구속할 수 없다'는 의미를 가지고 있다. 칼빈은 기독교 강요에서 출교와 파문을 다음과 같이 구분하고 있다.

그리스도께서는 그의 백성들이 "땅에서 매면 하늘에서도 매일 것이요 (마 18:18)"라고 약속하시면서, '매는 권세'를 교회적인 징계로 제한시키신다. 출교를 당하는 자들은 그러한 징계를 통해서 영원한 멸망과 저주에 빠지는 것이 아니라, 자기들의 삶과 도덕성이 정죄를 받는다는 것을 들음으로써, 그들이 회개하지 않으면 영원한 정죄가 그들 자신에게 있을 수밖에 없다는 것을 확실히 인식하게 되는 것이다. 출교는 저주와는 다르다. 저주는 용서의 여지를 완전히 없애고 사람을 정죄하여 영원한 파멸에 집어넣는 것인데 반해서, 출교는 그 사람의 도덕적인 품행을 제지하고 책하는 것이다. 출교도 사람을 벌하는 것이긴 하나, 그것은 그 사람이 미래에 정죄를 받을 것을 미리 경고하는 성격을 띤 것으로 그를 돌이켜 다시 구원의 반열에 세우고자 하는 것이다. 더욱이 저주는 아주 희귀한 경우에 사용되거나, 아니면 전혀 사용되지 않는다. 그러므로 교회적인 권징으로 인하여 우리가 그 출교당한 사람과 가까이 지내거나 친밀한 접촉을 하는 것이 허용되지 않는다 할지라도, 우리로서는 할 수 있는 한 모든 수단을 강구하여 그 사람을 돌이켜 덕스러운 삶을 회복하고 교회의 하나된 교제로 돌아올 수 있도록 노력해야 하는 것이다. 사도도 또한 그렇게 가르치고 있다: "원수와 같이 생각하지 말고 형제와 같이 권면하

라(살후 3:15)."⁵³⁾

칼빈을 요약하자면, 출교자가 끝까지 자신의 죄에 대해 진실한 회개를 하지 않을 때에는 그 출교는 실질적으로 파문이 된다는 것이다. 그렇기에 교회는 출교자가 회개를 통해 회복할 수 있도록 기도하며 도와야 한다. 또한, 출교의 심각성과 출교가 초래하는 다른 결과들을 고려하여 성경적 사유에 해당하는 경우에만 출교를 시행하며, 이 역시도 모든 단계의 권징으로 최대한의 노력을 기울인 이후에 마지막으로 시행해야 한다. 더불어, 사적 감정에서 오는 모든 주관적인 유혹을 뿌리치고 오직 객관성과 공정성에 기인하여 출교하도록 한다.

✦ 권징의 사유

위에서 언급한 신앙 고백서 30장은 권징이 요구하는 행위들로서 고린도전서 5장을 제시한다. 고린도전서 5장은 당시 고린도 교회 안에서 일어나고 있는 근친상간을 포함한 문란한 성적 행위들을 주로 다루고 있다. 이는 레위기 18장을 통해 하나님께서 이미 경고

---

53) 존 칼빈, 원광연 옮김, 『기독교 강요 하』, 크리스챤 다이제스트(2004), p. 282.

하신 금지된 성적 범죄들이다.

"너희 중에 심지어 음행이 있다함을 들으니 그런 음행은 이방인 중에서도 없는 것이라 누가 그 아버지의 아내를 취하였다 하는도다 그리하고도 너희가 오히려 교만하여져서 어찌하여 통한히 여기지 아니하고 그 일 행한 자를 너희 중에서 쫓아내지 아니하였느냐 내가 실로 몸으로는 떠나 있으나 영으로는 함께 있어서 거기 있는 것같이 이런 일 행한 자를 이미 판단하였노라 주 예수의 이름으로 너희가 내 영과 함께 모여서 우리 주 예수의 능력으로 이런 자를 사탄에게 내주었으니 이는 육신은 멸하고 영은 주 예수의 날에 구원을 받게 하려 함이라(고린도전서 5장 1-5절)"

고린도전서 5장 4-5절에서 사도 바울은 음행(1-2절)의 이유를 들어 이러한 범법 행위자의 출교를 예수님의 이름으로 선포하였다. 이러한 성적 타락은 고린도 교회의 교인들뿐만 아니라 현대를 사는 교인들 사이에서도 일어나고 있다. 서문에서 예를 들었던 어느 한 직분자와 여자 교인 간의 간음 사건으로 돌아가보겠다. 당시 직분자의 부인은 병상에 있었고 같은 교회를 출석하던 여자 교인이 그 집을 방문하기 시작했다. 종국에는 두 사람 사이의 부적절한 관계에 대한 소문이 교회 안에 삽시간에 퍼졌다. 그리고 그 소문은 후에 사실로 밝혀졌다. 문제는 그러한 상황 속에서 교회가 아무런 조치도 취하지 않았고 입을 다물었다는 것이다. 이런 일들에 대해 교회는 침묵해야 할까?

사탄은 교회에 침투해 예배를 방해하고 성도들 사이를 이간질하는 등 여러 형태의 공격을 가한다(마태복음 13:24-30). 그러나 사탄이 교회의 일부로 포함될 수는 없다. 따라서, 사탄에게 내어준다는 의미는 출교자가 교회에서 추방된다는 것이다.[54] 고린도전서 5장으로 돌아가면, 사도 바울은 음행 이외에 출교의 사유가 될 수 있는 죄의 목록을 11절부터 열거한다.

> "이제 내가 너희에게 쓴 것은 만일 어떤 형제라 일컫는 자가 음행하거나 탐욕을 부리거나 우상 숭배를 하거나 모욕하거나 술 취하거나 속여 빼앗거든 사귀지도 말고 그런 자와는 함께 먹지도 말라 함이라 밖에 있는 사람들을 판단하는 것이야 내게 무슨 상관이 있으리요마는 교회 안에 있는 사람들이야 너희가 판단하지 아니하랴 밖에 있는 사람들은 하나님이 심판하시려니와 이 악한 사람은 너희 중에서 내쫓으라(고린도전서 5장 11-13절)"

이 구절들에서 '음행'을 가리키는 헬라어 단어는 모든 불법적인 성적 행위를, '탐욕'은 남의 소유물을 지나치게 탐하는 것, '모욕'은 다른 사람을 경멸적인 언사로 헐뜯고 욕함, '토색'은 남의 것을 수단과 방법을 가리지 않고 착취한다는 의미를 가진다. 우상 숭배자와 술 취한 자는 그 의미가 자명하기에 추가적인 설명이 필요 없을 것

---

54) 칼빈(John Calvin), 헨리(Mathew Henry), 키스트메이커(Simon J Kistemaker) 등의 신학자의 해석도 유사하다.

이다. 이러한 이유들을 바탕으로 12-13절은 출교를 지시하고 있다.[55] 성경에서 출교를 다루고 있는 또 다른 곳은 디도서 3장 10절이다("이단에 속한 사람을 한두 번 훈계한 후에 멀리하라"). 본문이 언급한 훈계는 개인적이며 비공식적인 훈계가 아니다. 바울이 말하는 훈계는 교회 법정을 통해서 공적으로 발생한 권징을 가리킨다.

필자는 고린도전서 5장과 디도서 3장에 기록된 권징 사유를 십계명으로 연결하는 것이 무리한 비약이라 보지 않는다. 마태복음 22장 37-40절에서 예수님이 십계명 전체를 두 개의 핵심 계명들로 요약해주신 것을 상기해보자. 그 두 개의 핵심 계명들은 하나님에 대한 사랑과 다른 사람들에 대한 사랑이다. 주님께서는 "계명을 지키는 자가 주님을 사랑하는 자이며, 하나님께서 그 사람을 사랑하신다(요 14:21)"라고도 말씀하셨다. 필자가 전하려는 요점은 이것이다. 신실하신 하나님을 믿고 사랑하며 예수 그리스도를 닮아가려는 성도라면 하나님께서 금하신 모든 범죄, 특별히(간음과 동성애 등의) 성적인 범죄와 타인과의 관계를 파괴하는(거짓, 살인, 착취 등의) 죄들을 회개 없이 지속적으로 범할 수 있겠는가? 스스로 성도라고 생각한다면, 지속적이고 반복적으로 죄를 지으면서 하나님의 계명을 지키고 형제, 자매와 하나님을 사랑할 수 있을까? 하나님이 주신 십계명은 도덕법이므로 성도들의 삶의 규율, 즉 성화의 지침이다. 그러므로 하나님의 계명들을 고의적이며 지속적으로 어기는

---

55) 칼빈, 헨리, 길(John Gill), 키스트메이커 등의 신학자들도 본문을 동일하게 이해한다.

모든 행위는 권징 사유로 성립될 수 있다. 권징과 죄의 문제를 다루면서 지금부터는 많은 사람들이 성경을 읽으며 의아해할 수 있는, 용서받을 수 있는 죄와 용서받을 수 없는 죄에 대해 살펴보고자 한다.

① 용서받을 수 있는 죄와 받을 수 없는 죄

성경은 수많은 사람들의 죄를 기록하고 있다. 이와 동시에 성경이 가르치는 바는 누구든지 죄를 회개하고 예수님을 구세주로 영접하면 모든 죄를 용서받고 영생을 얻는다는 사실이다. 그러나, 예수님께서는 용서받을 수 없는 죄에 대해서도 언급하셨다(마 12:32; 막 3:28-29; 눅 12:10).

> "그러므로 내가 너희에게 이르노니 사람에 대한 모든 죄와 모독은 사하심을 얻되 성령을 모독하는 것은 사하심을 얻지 못하겠고 또 누구든지 말로 인자를 거역하면 사하심을 얻되 누구든지 말로 성령을 거역하면 이 세상과 오는 세상에서도 사하심을 얻지 못하리라(마태복음 12장 31-32절)"

성령을 모독하는 죄와 인자를 거역하는 죄는 무엇일까? 여기서 인자(the Son of Man)는 예수님을 가리킨다. 그렇기에 예수님에 대한 죄까지도 사함을 받을 수 있다는 해석에는 큰 무리가 없다. 사울은 예수님을 대적했고, 베드로와 다른 제자들은 예수님을 배반했다.[56] 그러나, 성령 모독죄를 직접적으로 설명하는 성경 말씀이나 사례가 없기에 문맥을 이해하며 이를 해석해야 할 것이다. 하나의 예로서, 사도행전 5장에 기록된 아나니아와 삽비라의 죽음에 대해 생각해보지 않을 수 없다. 사도 베드로는 그들이 성령 하나님께 거짓말을 했다고 선언한다(사도행전 5장 4, 9절). 당시에는 초대 교회가 성장 과정 중에 있었으며 외부의 압력과 유대인들의 적대감으로 여러 위험을 맞이하고 있었다. 따라서, 초대 교회는 내부의 기만에서 오는 불순함(impurity coming from deceitfulness within the Church)을 절대 용인할 수 없었다. 그러므로 성령을 모독한 그들에게 내려진 죽음은 하나님의 직접적인 응징이었다.

② 지속적인 죄

모든 사람들은 완전하지 않다. 믿는 사람들 역시 똑같은 죄(혹은 유사한 죄)를 반복해서 저지르곤 한다. 정상적인 신자라면 범죄할 때마다 회개와 동시에 하나님께 용서를 구하며, 다시는 동일한 죄를 범하지 않게 해달라고 하나님께 기도할 것이다. 필자가 논하려

---

56) "이에 제자들이 다 예수를 버리고 도망하니라(마태복음 26:56)"

는 바는 신자들이 부주의하게 한두 번 반복적으로 죄를 짓고 이를 회개하는 모습이 아니다. 여기서 이야기하려는 지속적인 죄란 회개 없이 지속적으로 범하고 있는 행위이다. 이 지속되는 행위의 예는 동성연애 혹은 동성 결혼의 상태를 유지하며 여전히 자신들을 기독교인이라 주장하는 경우이다. 성경이 동성애에 관해 무엇이라고 기록하는가?

창세기 19장을 살펴보자. 소돔의 모든 주민들이 롯의 집에 방문한 두 남자(천사)와 동성애(sodomy)를 원하며 그의 집을 에워쌌다. 그들의 그러한 사악함으로 인해 하나님은 소돔을 유황불로 심판하셨다. 레위기 20장 13절에서도 하나님은 동성애를 절대적으로 금지하셨다. 신약 성경의 사도 바울 역시 로마와 고린도 교회에 쓴 편지에서 동성애를 죄로 경고했다(롬 1:26-27; 고전 6:9). 동성애가 용서받을 수 있는 죄인가라고 물을 수 있다. 물론 이러한 성적 범죄를 성령 모독죄로 치부할 수는 없다. 즉, 동성애자가 자신의 죄를 인정하고 회개하며 하나님의 은혜를 구한다면, 회개의 은혜를 받을 수 있다. 우리가 동성애자를 사랑으로 대하고, 그들의 회개를 간절히 바라보는 이유가 바로 거기에 있다. 그렇지만, 동성연애 혹은 동성 결혼을 유지하는 이들은 여전히 하나님이 금하신 일을 행하는 것이다. 여전히 그 죄 가운데에서 지속적으로 하나님을 말씀을 거부한다면 그들에게는 그 어떤 회개의 열매를 기대할 수는 없다. 이와 같이 지속적으로 하나님의 말씀을 무시하는 사람들을 어떻게 신자라고 부를 수 있겠는가? 동성연애자뿐만 아니라, 어떤 모습의 죄로 하나님의 말씀을 지속적으로 불순종한다면 그 사람은 영생으로 인도하는 좁은 길을 걷고 있다고 볼 수 없다.

③ 이단

신앙 고백서 30장 3항의 핵심은 그리스도의 명예를 지키라는 것이다. 하나님이신 그리스도께서는 그분의 명예를 지키기 위해 인간의 도움을 받으실 필요가 절대 없으신 분이다. 그러나, 하나님의 백성이 된 우리들은 우리의 사명으로 우리의 모든 힘을 다해 주님의 명예를 반드시 지켜야 한다. 그 이유는 그리스도의 명예와 영광이 예수님의 속성, 희생, 부활, 복음, 구원 사역, 그리고 궁극적으로는 하나님의 속성까지 직결되기 때문이다.

유형 교회 안에서 그리스도의 명예를 손상시키는 것 중 하나는 바로 이단(heresy)이다. 물론 이단으로 정죄할 경우에는 분명 굉장한 주의가 필요하다. 그러나 예수님의 신성과 인성, 동정녀 탄생, 부활, 삼위일체와 같이 기독교의 핵심 교리를 부정하는 의견에 대해서는 분명하게 이단 시비를 가려야 한다. 로마 카톨릭교회의 경우 신중한 접근이 필요함에도 불구하고 신인 협력설("구원은 예수님에 대한 믿음과 본인 스스로의 노력에서 온다")이나 교황 무오설("교황의 성경 해석은 절대적이며 오류가 없다")등은 분명히 이단적이다. "구약은 이스라엘의 역사에 불과하다"라며 신약 성경만을 하나님의 말씀으로 받아들이는 주장 역시 이단성을 지닌다. 이러한 거짓 가르침이 하나님의 명예를 훼손하는 것이다. 이러한 이단적 가르침에 대한 성경적인 경고의 예를 갈라디아서 1장 6-9절과 디모데후서 4장 3절 등에서 찾아볼 수 있다. 특히, 갈라디아서 1장 9절에서 사도 바울은 성경 이외에 다른 것을 가르치는 자들에게 저주를 선포한다.

> "우리가 전에 말하였거니와 내가 지금 다시 말하노니 만일 누구든지 너희의 받은 것 외에 다른 복음을 전하면 저주를 받을지어다"

그리스도의 명예를 옹호하는 삶은 성도가 반드시 행해야 하는 의무이자 하나님의 자녀들이 갖는 특권이다. 그리고 그 명예를 무너뜨리려는 이단에 대한 대처 중 첫 번째는 그들을 멀리하는 것이며, 두 번째는 그들을 출교하는 것이다.[57] 누구든지 이단적인 신학을 고집하며 다른 교인들의 정통적인 믿음을 위협한다면 그 사람은 출교의 대상이 된다. 이단에 대한 하나님의 말씀을 반드시 잊지 말아야 한다.

> "믿음과 착한 양심을 가지라 어떤 이들이 이 양심을 버렸고 그 믿음에 관하여는 파선하였느니라 그 가운데 후메내오와 알렉산더가 있으니 내가 사단에게 내어준 것은 저희로 징계를 받아 훼방하지 말게 하려 함이

---

57) "이단에 속한 사람을 한두 번 훈계한 후에 멀리하라(디도서 3:10)"

니라(디모데전서 1장 19-20절)"

④ 출교의 사례

지금부터는 두 가지의 출교 사례들을 살펴보려고 한다. 첫 번째 출교 사례는 교회 전체를 혼란스럽게 만든 이단 문제였고, 두 번째 출교 사례는 개인적인 생활에서 야기된 것이었다.

사례 1

첫 번째 출교 사례는 필자가 섬기던 장로교회의 어느 집사 이야기다. 그 집사는 유아부 선생으로도 봉사하며 교회 일에 열심이었다. 그러나 그 집사는 교회 내의 목사나 다른 직분자들에게 알리지 않고 "다락방"이라는 모임에 가담하고 있었다. 다락방의 핵심 교리는 이중 계시관, 사단 결박 및 천사 동원설, 사단 배상설, 예수 재영접설 등이다. 기독교 내의 많은 교단들이 다락방에 대해서 이미 이단으로 정죄하였다. 그들의 이단 사상에 대해서 모두 설명할 수는 없기에 여기에서는 사단 배상설만 잠시 살펴보도록 한다. 그리스도께서 자신을 대속물로 주신 것은 하나님의 공의를 충족시키기 위함인데, 사단 배상설은 예수님이 십자가에서 고난받은 것은 사단에게 우리의 모든 실패의 대가를 갚아버리는 것이라고 이단적인 주장을 한다. 필자는 이 문제만으로도 다락방의 모임이 이단으로 충분히 정죄될 수 있다고 생각한다.

이 주장은 전통 기독교 교리를 아는 성도에게는 반문의 여지가 없는 명백한 이단 사상이다. 집사는 다락방 교리의 가르침으로 어린 아이들을 매우 혼란케 하였다. 그리고 이 사실이 아이들의 부모님들을 통해 알려지자 교회의 목사와 장로들은 세 차례 넘게 그 집사와 대면하며 다락방에서 이탈할 것을 권유했다. 끝끝내 고집을 꺾지 않던 그 집사는 결국 교회에서 공적으로 출교되었다. 위에서 언급한 '권징의 사유'를 고려하면 첫 번째 사례는 분명히 성경적인 근거를 가지고 적절한 권징을 시행했다고 볼 수 있다.

사례 2

두 번째 사례는 필자의 간접적인 경험이다. 미국의 북미개혁장로교회의 한 목사가 자신이 목회를 하던 교회에서 자기 아들을 직접 출교한 사례이다. 출교의 이유는 아들의 방탕하고 문란한 사생활 때문이었다. 나중에 신학교의 교수가 된 그 목사는 수업 중에 자신의 경험을 눈물로 호소하며 학생들에게 출교의 의미를 가르쳤다. 교회의 순결을 위한 목회자의 최선을 행동으로 옮긴 그 목사는 여전히 아들의 회개와 구원을 위해 끊임없이 기도하고, 복음과 사랑으로 아들에게 다가갈 기회를 찾는다고 한다. 목사가 자신의 아들을 출교시켰다는 사실은 필자에게 엄청난 충격과 도전을 주었다. 그 누구보다 사랑하는 아들을 직접 출교한 그 목사의 심적 고통을 필자가 이해할 수 없다. 그러나, 이러한 출교는 다음과 같은 질문을 필자뿐 아니라 현대의 모든 기독교인들에게 던진다. "여러분은 자신의 뼈를 깎는 고통을 감수하면서까지 하나님의 말씀에 순종하며 교회의 순결을 지키고자 하는가?"

✦ 권징에서의 회복

권징의 최종 목적은 회개이다. 이제 마지막으로 권징 대상자가 진정으로 회개하고 교회로 복귀를 원할 경우를 고찰해보겠다. 앞서 〈권징의 목적〉에서 언급했듯이 권징은 반드시 권징 대상자를 향한 사랑과 그(녀)의 회개를 통한 영적 회복 그리고 교회로의 복귀를 소망하며 시행되어야 한다. 권징 중에서 가장 심각한 단계인 출교조차도 회복이 가능하다. 출교자가 진정으로 회개하고, 회개의 참된 열매가 보여지고, 스스로 교회로 돌아오기를 갈망한다면 교회는 그를 다시 받아들여야 한다. 교회는 적절한 시간을 두고 출교자를 점검하며 진중하고 꼼꼼하게 그 과정을 진행해야 한다.

그러나 회복과 관련하여 보다 어려운 문제는 이단 추종자들이나 하나님에 대한 의심과 회의 속에서 교회를 비방하고 혹은 다른 종교로 개종을 했던 출교자들에 관한 것이다. 특별히, 소위 말씀을 아는 교회 사역자들이 사생활이 아닌 교리의 문제로 출교된 경우이다. 이러한 일이 매우 드물다고 생각하는 교인들도 있겠지만 필자의 주변에서도 신사도(New Apstolic Movement)라는 이단에 가담한 목회자가 있었다.[58] 사실 여러 이단 집단들에게 있어서 그들의 최우선적인 목표는 기존 교회의 사역자들임을 우리는 익히 들어왔다. 그렇기에 이러한 상황을 좀 더 심각하게 생각해보아야 할 것이다. 그러나 출교된 교회 사역자들 역시 진정으로 회개하고, 회개의 참된 열매를 보이고, 스스로 교회로 돌아오기를 갈망한다면 교회는 그를 언제든지 다시 포용하고 받아들여야 한다.

---

58) 리 스트로벨(Lee Strobel)이 저술한 『믿음을 위한 소송(The Case for Faith)』이라는 책에 등장하는 찰스 템플톤(Charles Templeton)과 나눈 면담도 한 예가 될 수 있다(pp. 17-18). 찰스 템플톤은 빌리 그레함(Billy Graham)과 같이 여러 실내 경기장의 설교단에서 수많은 대중에게 복음을 선포했던 설득력 있는 복음 전도자(evangelist)였다. 그러나 그는 하나님에 대한 지속되는 회의와 의심으로 결국에는 기독교를 격렬히 반대했고 불가지론자(agnostic)로 전환했다.

6
진정한 교회를 꿈꾸며 ① - 교회 직분

✦ 교회의 직분자

앞서 우리는 교회의 참된 표지 중의 하나로 올바른 말씀의 선포에 대해서 공부했다. 이번 장에서 다루게 될 교회의 직분자 역시 그러한 참된 표지의 연장선에 있다고 할 수 있다. 그 이유는 성경이 교회의 직분을 장로와 집사로만 한정하고 있기 때문이다. 그러므로 바른 직분자를 훈련하고 선출하는 것 역시 간접적으로는 올바른 말씀의 선포이다. 그리고 그러한 말씀의 적용을 통해 우리는 진정한 교회를 꿈꾸게 된다.

✦ 장로의 유래와 임무

성경은 장로의 직분에 대해 여러 곳에서 기록하고 있다. 그중 한 구절인 디모데전서 3장 1절은 다음과 같이 장로에 대해 말한다.

"미쁘다 이 말이여 사람이 감독의 직분을 얻으려 하면 선한 일을 사모한다 함이로다"

이 구절에의 감독은 영어 성경으로는 'bishop' 혹은 'overseer'로 번역되며 보편적으로 장로와 혼용하여 사용된다. 베드로전서 5장 1절에서는 장로라는 명칭을 직접적으로 사용하기도 한다.

"너희 중 장로(elders)들에게 권하노니 나는 함께 장로된 자요 그리스도의 고난의 증인이요 나타날 영광에 참예할 자니라"

루이스 벌코프(Louis Berkhof)가 저술한 『조직 신학(Systematic Theology)』에 따르면 '장로'를 의미하는 헬라어로 두 단어가 쓰였다고 한다. 하나는 '프레스부테로이(presbuteroi)'로 나이 많은 사람을 뜻하며, 다른 하나는 '에피스코포이(episkopoi)'로 감독자 또는 관리자의 뜻을 지닌다. 앞에서 언급한 것처럼 이 두 단어는 성경 안에서 상호 교환적이며 보충적으로 사용되었다(행 20:17, 28; 딤전 3:1, 4:14, 5:17, 19). 장로교회를 영어로 'Presbyterian Church'라 부르는 이유도 '프레스부테로이'라는 헬라어 단어 때문이다.

장로 직분은 교회의 전체적인 교육과 치리(권징)를 담당함으로써 교회를 영적, 육적으로 거룩하게 지키는 막중한 책임을 지니고 있다. 그리고 이를 위한 권한도 함께 부여받는다. 장로교회에서는 장로 직분을 일반적으로 다스리는 장로(또는 치리 장로, ruling elder)와 가르치는 장로(또는 교육 장로, teaching elder)로 구분한다. 목사는 여기에서 가르치는 장로 또는 교육 장로의 범주에 속하게 된다. 장로 직분은 이미 예루살렘 초대 교회에서 존재했으며 그들의 사역은 교회의 전반적인 치리였다(행 15:6, 22).[59] 초대 교회 당시에는 사도들이 있었기에 특별하게 교육 장로를 따로 세울 필요가 없었다. 바울을 포함한 사도들은 예수님으로부터 직접적으로 말씀을 배웠고 예수님의 부활을 목격했기에 복음 전파와 설교를 위한 최적의 자격을 갖추고 있었다. 물론 사도 바울은 예수님의 공생애에 세워진 제자는 아니었다. 그러나 그의 사도 직분의 충분성은 말씀을 통해서 충분히 드러난다.[60] 성경에 기록된 공식적인 사도는(가룟 유다를 대신한 맛디아를 포함하여) 열두 제자와 바울뿐이다. 이 글에서도 '사도'란 총 13명의 사도들에게만 국한한다. 벌코프는 사도들의 중요성을 다음과 같이 요약했다(필자 직역).

모든 세대의 믿는 자들은 오직 사도들의 말씀을 통해서 예수님과 교제하게 된다. 그들이 초대 교회의 사도들이었던 것과 같이, 현대의 교회

---

59) 물론 구약의 광야 시대부터 장로의 역할이 시행되었다(민수기 11장 16-30절).
60) "무익하나마 내가 부득불 자랑하노니 주의 환상과 계시를 말하리라 내가 그리스도 안에 있는 한 사람을 아노니 십사 년 전에 그가 셋째 하늘에 이끌려 간 자라(그가 몸 안에 있었는지 몸 밖에 있었는지 나는 모르거니와 하나님은 아시느니라) 내가 이런 사람을 아노니(그가 몸 안에 있었는지 몸 밖에 있었는지 나는 모르거니와 하나님은 아시느니라) 그가 낙원으로 이끌려가서 말할 수 없는 말을 들었으니 사람이 가히 이르지 못할 말이로다(고린도후서 12장 1-4절)." 이 구절들에서 바울은 자신의 이름을 사용하지는 않지만, 자신이 셋째 하늘, 즉 하나님의 보좌가 있는 그 하늘에 들려갔음을 암시한다. 그리고 그곳에서 바울은 하나님의 말씀을 직접적으로 들었다. 그렇다면 누가 바울의 사도 자격에 도전할 수 있을까?

에서도 사도이다.[61]

반드시 기억해야 할 점은 성경에서 언급한 사도 직분은 13명의 사도들에게만 제한된다는 점이다. 그렇기에 초대 교회 이후에는 새로운 사도가 등장할 수 없다.

사도 시대 이후, 여러 이단(heresies)들이 등장하며 더욱 정확한 말씀의 선포가 요구되었다. 하나님께서는 설교에 헌신할 목사(교육 장로)라는 직분을 성경 안에 이미 담아오셨다. 디모데전서 5장 17절에서는 "잘 다스리는 장로들을 배나 존경할 자로 알되 말씀과 가르침에 수고하는 이들을 더할 것이니라"라고 기록하며 가르치는 장로를 다스리는 장로와 구별한다. 사도들이 행하던 말씀의 선포와 성례의 주관 등의 막중한 임무를 이제는 장로들이 맡게 되었다. 다음의 성경 구절은 간략하게나마 장로의 주요 임무에 대해 우리에게 전달한다.

> "열두 사도가 모든 제자를 불러 이르되 우리가 하나님의 말씀을 제쳐 놓고 접대를 일삼는 것이 마땅하지 아니하니 형제들아 너희 가운데서 성령과 지혜가 충만하여 칭찬받는 사람 일곱을 택하라 우리가 이 일을 그들에게 맡기고 우리는 기도하는 일과 말씀 사역에 힘쓰리라(사도행전 6장 2-4절)"

---

61) Berkhof, *Systematic Theology*, p. 585.

현재 대부분의 한인 장로교회에서는 목사(교육 장로)와 치리 장로들로 구성된 당회가 교회의 거의 모든 제반 사항을 주관하고 있다. 그러나 성경에서 가르치는 장로의 임무는 말씀의 선포와 전도, 성례의 주관, 교회를 위한 기도 그리고 치리 등이다. 즉, 장로의 최우선적인 임무는 성도의 영성을 지키는 일이다.

장로의 임무 중에서 감독이란 표현이 독자의 귀에 거슬릴 수도 있다. 그러나 우리가 앞의 단원에서 다루었던 권징을 이 단어와 연결지어볼 수 있다. 성경 시대 이후로 모든 시대의 교회들은 이단 세력뿐 아니라 여러 모양의 불경건의 공격을 받아왔다. 장로들은 이러한 침투를 막고 교회의 거룩함을 지키기 위해 교회를 감독하며 권징이라는 수단을 사용한다. 현재도 끊임없이 공격해오는 다양한 불순물로부터 교회를 거룩하게 지키기 위해서 장로들은 그들의 임무를 무겁게 인지하고 행해야 한다. 장로에 대해서 북미개혁장로교회의 헌법 역시 다음과 같이 기록하고 있다.

> 장로의 임무는 교육과 치리이다. 모든 장로가 말씀을 가르칠 수 있어야 하지만, 성경은 이들의 기능을 구별해놓았다. 그러나 모든 장로는 교회 정부 안에서 동등하다. 성경에서 장로와 감독이라는 동의어로 이 직분을 가리킨다(딤전 3:2, 5:17; 디도서 1:7, 9; 행 20:28; 롬 12:6-8; 고전 12:28).[62]

---

62) *The Constitution of the Reformed Presbyterian Church of North America*, A-87, 88.

따라서, 교회 건물의 유지와 수리, 부엌 살림, 재정 문제 등은 집사들에게 맡기는 것이 성경적이다(사도행전 6장 2-4절). 지금의 많은 한인 교회 내의 장로들이 하고 있는 일은 집사들을 위한 직무이다. 장로의 임무는 교육과 치리가 최우선적이지, 교회의 재정, 행정, 관리가 아니다.

① 장로 선출

성경은 장로의 자격에 대해서 가르친다(디모데전서 3장 1-7절; 디도서 1장 5-9절). 위에서 언급한 바와 같이, 지상의 교회는 바른 말씀의 선포, 성례의 바른 시행, 그리고 권징의 실행으로 진정한 교회의 모습을 드러낸다. 그중의 기본은 말씀을 다루는 일이다. 그러므로 장로의 자격에 대한 모든 조건들 중에서 말씀에 관한 내용들에 조금 더 집중해보려고 한다(물론 장로의 다른 자격 조건들이 중요하지 않다는 것은 결코 아니다).

"그러므로 감독은 책망할 것이 없으며 한 아내의 남편이 되며 절제하며 근신하며 아담하며 나그네를 대접하며 가르치기를 잘하며(디모데전서 3장 2절)"

"미쁜 말씀의 가르침을 그대로 지켜야 하리니 이는 능히 바른 교훈으로 권면하고 거스려 말하는 자들을 책망하게 하려 함이라(디도서 1:9)"

위의 구절들을 기록하며 사도 바울은 교육 장로와 치리 장로를 구분하며 장로의 자격을 언급하지는 않는다. 모든 장로는 말씀과 그 말씀에 대한 교리를 분명하게 이해하고 있어야 한다. 북미개혁장로교회 헌법에 명시된 치리 장로의 임무 중 핵심은 회중의 교육 사역을 담당 및 관리하며 회중이 성숙한 제자가 되도록 훈련하는 일이다.[63] 이러한 역할들을 감당하기 위해서는 필수적으로 성경을 바르게 이해하고 해석할 수 있어야 한다. 또한 장로는 바른 교리를 통하여 회중들이 이단적인 가르침에 빠지지 않도록 인도해야 한다. 따라서 장로는 일반적인 성경 공부 수준의 지식이 아니라 체계적으로 성경을 배우고, 정통 장로교회의 교리를 이해할 수준의 실력을 함양해야 한다. 회중의 영적 건강은 장로의 책임이며, 주님께서는 그 책임을 물으실 것이다. 만약 장로가 감당하는 교육의 임무가 이렇게 중요하다면, 특별히 가르치는 일을 위한 교육 장로의 임무는 얼마나 막중하겠는가? 이는 교육 장로(목사)가 되기 위해 필요한 철저한 준비로 연결되어 있다. 필자가 경험한 미국의 개혁주의적 장로교회들은 한국 교회와 비교하여 치리 장로 및 교육 장로의 자격 요건이 굉장히 엄격했다. 물론 모든 거짓 선생과 늑대의

---

[63] Reformed Presbyterian Church of North America, "The Officers of the Church" in *The Constitution of the Reformed Presbyterian Church of North America*, Directory of Church Government, D-8.

옷을 입은 자들을 분간할 수는 없겠지만, 교회에게 주어진 자격 요건을 바탕으로 장로들을 최선을 다해 분간하는 일은 매우 중요하다.

현대 한국 교회의 실정에서는 장로들을 위한 교육 시스템이 제한되어 있다. 다수의 장로들은 개인적인 성경 읽기를 제외하면 교회 내에서 진행되는 성경 공부가 그들의 신학 수준을 향상 할 수 있는 길이 된다. 장로가 되기 전에 거치는 장로 시험 역시 고작 몇 달간의 교리 교육이 전부이다. 이러한 성경 공부 또한 통상적인 주입식 방법으로 이뤄진다. 따라서 장로들이 평신도 또는 집사들보다 더 많은 성경 구절을 알고 있을지는 모르나, 바른 신학적 뼈대 위에서 성경을 잘 이해하고 해석하는 방법은 알지 못하는 게 다반사이다. 물론, 필자 역시 그 범주에서 예외는 아니었다.

장로들의 정통 교리에 대한 이해 결핍은 외부의 도전이나 공격에 제대로 변증(apologetic defense)하지 못하는 결과를 초래한다. 평신도가 던지는 간단한 교리에 관한 질문을 치리 장로가 제대로 답하기가 어려운 것이 현실이다. 물론, 모든 교리는 말씀에 근거한다. 그러므로 교리뿐 아니라 성경에 대한 지식 역시 중요하다. 교리 자체가 절대 성경을 대신할 수는 없다. 그러나 성경을 체계적으로 보다 잘 이해하며 우리들이 무엇을 믿는지 배우며, 하나님을 보다 더 알아가고 사랑하는 노력을 교리 학습이라고 정리하면 좀 더 쉬울 것 같다. 현대의 많은 교회에서 성경 공부에 비해 교리에 대한 구체적이고 체계적인 교육이 무척이나 부족하다면 장로들의 교리 교육 먼저 차근히 힘쓰는 게 중요할 것이다. 잘 가르치는 일이 장로의 가장 우선된 의무이기 때문이다.

장로의 자격에 대해 이야기하면서 의구심을 가지게 되는 것은 대부분의 한인 교회에서는 장로의 대상을 안수 집사들로 국한시킨다는 점인데 이는 잘못되어 있다(이 문제에 대해서는 집사 직분에서 좀 더 다루도록 하겠다). 그렇지만, 좀 더 일반적인 자격 조건들 역시 아쉬움이 남는다. 필자가 경험한 한인 장로교회의 예를 보면, 장로 선출 대상의 자격에서 예배 참석, 교회 활동과 봉사 참석, 그리고 헌금의 정도 등을 중요시했다. 이와 함께, 대상자의 직업, 재력, 사회적 위치 등의 세속적인 기준 역시 적지 않게 작용하고 있는 것이 사실이다. 성경적 기준으로는 미달된 자격을 갖춘 이들도 교회 운영상의 이유와 장로의 필요성 때문에 공천되었다. 이러한 비성경적인 선출에 대해 목사를 비롯한 많은 교인들이 이를 합리화하고자 했던 말이 생각난다. "직분이 사람을 변화시킨다. 그리고 직분이 사람을 만든다." 과연, 교회의 직분이 사람을 만들고 변화시키는가?

우리가 심각하게 고민해야 할 또 하나는 공천 위원들의 성경 지식의 수준이다. 즉 그들 스스로 성경에서 요구하는 장로의 자격을 알고 있는지, 그리고 그 기준에 부합하는지이다. 선출 대상자에 대한 개인적 편견이나 선입견으로 탈락시키는 경우를 심심치 않게 보는데 이는 선출 대상자에 대한 성경적인 자격보다는 공천 위원의 개인적인 의견이 더 중요하게 작용하기 때문이다.

무조건적인 비교는 어렵지만, 어떤 미국 장로교회에서는 공천 위원들이 장로 공천자의 동네 이웃과도 면담을 진행한다고 들었다.[64] 교회에서는 거룩하고 겸손하게 보일 수 있지만 교회 밖의 실생활에서는 공천자의 또 다른 모습들이 쉽게 드러날 수 있기 때문이다. 이러한 면담에는 장로 공천자의 배우자도 포함된다. 그리고 배우자의 동의가 없으면 공천자는 장로 공천에서 원천적으로 제외된다. 자신의 가정을 제대로 가꾸지 못하는 사람은 교회 공동체를 꾸려나갈 수 없는 성경적 이유가 자명하기 때문이다(디모데전서 3장 5절).

② 여성 목사와 여성 장로

이 주제는 한국 교회 내에서도 계속해서 논란을 야기하고 있고 반드시 짚고 넘어가야 한다. 여성 안수는 그만큼 중요한 사안이다. 현대의 교회에서는 적지 않은 교단에서 여성 목사와 여성 장로를 임명하는데 필자가 말하고 싶은 것은 여성 목사와 여성 장로의 직분에 대해서 성경은 증거하고 있지 않다는 것이다. 물론 성경에는 구약의 드보라(사사기 4장)와 훌다(열왕기하 22장), 신약에서의 안나(누가복음 2장)와 같은 여자 선지자, 또는 여자 지도자들에 대한 내용이 기록되어 있다. 이러한 역사적 사실을 토대로 어떤 이는 여성

---

64) "또한 외인에게서도 선한 증거를 얻은 자라야 할지니 비방과 마귀의 올무에 빠질까 염려하라(딤전 3장 7절)"

에 대한 교회 직분의 정당성을 주장할 수도 있을 것이다. 그럼에도 하나님께서 사도 바울을 통해 말씀하신 다음의 구절을 함께 고려해보아야 한다.

"모든 성도의 교회에서 함과 같이 여자는 교회에서 잠잠하라 그들에게는 말하는 것을 허락함이 없나니 율법에 이른 것같이 오직 복종할 것이요 만일 무엇을 배우려거든 집에서 자기 남편에게 물을지니 여자가 교회에서 말하는 것은 부끄러운 것이라(고린도전서 14장 33-35절)"

"여자는 일체 순종함으로 조용히 배우라 여자의 가르치는 것과 남자를 주관하는 것을 허락하지 아니하노니 오직 조용할지니라 이는 아담이 먼저 지음을 받고 하와가 그 후며 아담이 속은 것이 아니고 여자가 속아 죄에 빠졌음이라(디모데전서 2장 11-14절)"

만약 성경 속의 여선지자들의 기록이 현대 교회에서 여성 지도자를 세울 수 있는 기준이 된다면 하나님께서 사도 바울을 통해 교회 내 여성의 역할을 금지하실 이유는 없다. 위의 구절들은 1세기의 교회뿐만 아니라 모든 시대의 교회에게 주어진 지도자 선출의 방식이다. 본문에 적힌 내용을 사도 바울의 개인적인 편견으로 보거나, 시대의 흐름에 따라 변화될 내용으로 주장하는 이들도 많다. 그들의 주장과 관련하여 우리는 두 가지의 사실을 잊지 말아야 할 것이다. 첫째, 수차례 언급하였듯이 성경에 기록된 모든 하나님의 말씀은 개인의 편견이나 의견으로 적혀진 것이 아니다. 모든 성경은 하나님의 감동으로 되었다(디모데후서 3장 16절). 둘째, 하나님은 절대적 진리, 그 자체이시다. 절대적인 진리는 시공간을 초월하며 불변하다. 우리가 하나님을 믿는 가장 큰 이유 중 하나는 바로 하나님의 말씀인 성경이 절대적인 진리이기 때문이다. 우리는 이 절대적 진리가 우리를 교훈하도록 붙잡아야 한다(시편 25편 5절).

그렇다면 성경학자들은 고린도전서 14장 34-35절을 어떻게 해석하는지 살펴보자. 우선적으로는 고린도 교회의 배경을 함께 이해할 필요가 있다. 그 당시 고린도 교회는 여러 타락한 모습(근친상간 등의 문란한 성 윤리, 거짓 교사의 침투, 이단 사상 등)을 보여주고 있었다. 이러한 교회의 문제들에 대해 사도 바울은 서신을 통해 꾸짖은 바 있다. 신학자 존 길(John Gill)은 본문을 다음과 같이 설명한다.

> 하나님은 창세기 3장 16절에서 "너는 남편을 사모하고 남편은 너를 다스릴 것이니라 하시고"라고 명령하셨다. 따라서, 사도 바울이 여성들로 하여금 교회 안에서의 설교, 공적 자리에서의 성경 교육, 그리고 교회 치리를 금지하는 이유는 바로 이 역할들이 의미하는 바에서 유래된다. 이는 공적 권위와 권한의 문제이다. 교회 내의 여성 지도자 직분은 하나님께서 여자가 남자에게 복종하라 명령하신 것에 반한다. 드보라, 훌다, 안나와 같은 특수한 예들을 표준으로 삼을 수는 없다.[65]

---

65) John Gill, *An Exposition of the Old and New Testaments*(London: Mathews and Leigh, 1809), 8:721.

다음으로 또 다른 주석가 키스트메이커는 본문을 다음과 같이 설명한다.

> 마지막으로 이 구절은 아내가 남편과 관련하여 해야 하는 역할, 즉 그의 보조자로서의 역할에 대해 설명한다. 특별히 영적인 일에 있어서, 남편은 가정과 교회에서 지도자로서의 책임이 있으며, 아내는 남편을 보조하는 책임이 있다. 고린도 교회의 여자들이 개인적인 기도, 예언, 그리고 시편 찬송을 부르는 일에 침묵하라는 말이 아니다. 그러나, 남편들이 말씀을 증거할 동안 아내들이 말하는 것은 금지된다(고전 14:29). 아내들은 율법에 기록된 창조 질서를 준수하고 남편을 공경하라는 요구를 받는다. 세 번에 걸쳐 여자들에게 침묵하라 말하면서, 바울은 아내들이 공적 예배에서 남편을 존중하며, 질문거리들은 각 가정에서 논의하라고 가르친다.[66]

이브가 먼저 사탄의 꾐을 받아 온 인류의 타락을 야기했음에도 불구하고, 하나님께서는 아담에게 온 인류의 대표로(federal head of the mankind) 죄에 대한 총괄적인 책임을 물으셨다(롬 5:14; 고전 15:22). 그러나 그 이전에 하나님의 창조 질서 안에서 아담은 이미 가장으로서의 권한도 부여받았다.

끝으로 직분을 의미하는 원어를 살펴보자. 성경에 기록된 '장로'

---

66) Simon J. Kistemaker, *Exposition of the Book of 1 Corinthians*(Grand Rapids, MI: Baker Books, 1953), p. 514.

의 의미를 가진 헬라어 '푸레스부테로스(Πρεσβυτέρος)'는 모두 남성 명사이며, 헬라 원어 어디에도 '장로'를 의미하는 여성 명사는 사용되지 않았다. 가르치는 장로(목사)든 다스리는 장로(치리 장로)든 성경에서 여성의 장로 직분을 지지하지 않는 것이 분명하다. 이와 관련하여 북미개혁장로교회의 헌법은 다음과 같이 간결히 설명한다.

> 안수함으로 구별되어진 영구적인 교회 직분은 장로와 집사이다. 장로의 직분은 성경에서 남자에게만 국한된다.[67]

③ 대표 기도와 간구(intercession)기도

적지 않은 한인 장로교회의 예배에서, 남녀 집사 혹은 권사들도 대표 기도를 하는 것을 심심치 않게 보아왔다. 바울은 디모데에게 보내는 편지에서 남성이 고유의 역할로 "분노와 다툼이 없이 거룩한 손을 들어 기도"할 것을 명한다.[68] 디모데전서 2장 8절에서는 바울이 공적 예배의 중요한 요소 중 하나인 대표(공적) 기도가 남자에 한해서 드려질 것을 강조하고 그의 태도에 관해 가르치고 있

---

67) *The Constitution of the Reformed Presbyterian Church of North America*, 25.8.
68) "그러므로 각처에서 남자들이 분노와 다툼이 없이 거룩한 손을 들어 기도하기를 원하노라(디모데전서 2:8)"

는 것을 볼 수 있다. 대표 기도가 의미하는 바 중 하나는 교회 전체(개개인을 포함)를 위한 간구(intercession)이다. 예수님이 왕, 선지자, 그리고 제사장의 세 가지 기능(the threefold offices of the Lord, Christ)을 행하시며 간구자(intercessor)의 역할을 하셨다. 구약 시대의 왕, 제사장, 그리고 선지자들은 예수님의 예표로서 백성을 위해 간구 기도했다. 그러므로 드보라, 훌다, 안나와 같은 특수한 예가 간구자로서의 표준이 될 수는 없으며, 대표 기도는 오직 남자 지도자(장로)에 의해 드려져야 한다. 다음은 베이커(Baker's New Testament Commentary) 주석에 담겨진 디모데전서 2장 8절에 대한 설명이다(필자 직역).

더욱이, 많은 개종자들이 이방 세계에서 모였다는 점을 명심해야만 한다. 당시의 교회는 예배 등의 문제에서 아직은 어린애의 수준이었다. 게다가 거짓 선생들이 교회 내에서의 남자와 여자의 역할에 대해 잘못된 교훈을 퍼뜨렸을 가능성도 배제할 수 없다. 따라서 바울은 이 점에 관한 올바른 교훈의 필요성을 느꼈으며, 기독교 신앙이 과거와의 완전한 단절을 요구하지 않는다는 사실을 강조한다…(중략)…바울의 요점은 여성들이 한나의 기도(사무엘상 1:13)처럼 마음과 입술의 움직임만 있는 조용한 기도를 해야 한다는 것이다.[69]

---

69) William Hendriksen, *Exposition of the Book of 1 Timothy*(Grand Rapids, MI: Baker Books, 1953), pp. 102-105.

두 번째 절에서 "거룩한 손을 들어 기도하기를 원하노라"라는 표현은 대표 기도 시에 갖춰야 하는 태도의 절대적인 표준으로 해석되어서는 안 된다. 보다 중요한 점은 마음의 들림(elevation of hearts)이다. 거룩과 정결, 경외의 마음으로 기도를 드리는 것이 외형적으로만 손을 들고 기도의 태도를 취하는 것보다 중요하다. 또한 "분노와 다툼이 없이"라는 표현의 중점 역시, 기도하는 이가 다른 형제들에 대한 자비와 용서의 마음이 없고 불평과 분노로 가득 차 있다면 그의 기도는 이미 간구 기도로서 기본을 잃어버렸다는 점이다(마태복음 5:23 참조). 왜냐하면 대표 기도는 회중을 위한 간구이기 때문이다. 마음에 분노와 다툼이 가득한 자가 어찌 남을 위해 간구할 수 있겠는가?

여기에서 기도와 관련된 한 가지 사안을 짧게 살펴보도록 하자. 이는 표현의 문제에 대한 것이다. 예수님은 중보자(Mediator)이면서 또한 하나님께 그의 백성을 위해 간구(intercession) 기도를 드리신다. 여기에서 주의할 점은 중보 기도와 간구 기도의 차이점이다. 중보는 죄인들의 속죄(atonement)와 관련되어 있다. 우리의 죄를 속죄해주실 중보자는 예수님 단 한 분뿐이시다. 예수님 외에 그 누구도 죄인들을 위한 중보의 기도를 드릴 수 없다. 이에 반해, 간구(또는 도고)는 다른 사람을 위해 기도하는 것이기에, 신자의 의무가 된다. 따라서 중보 기도를 간구의 성격으로 이해한다고 해도 바른 표현을 사용하는 것이 옳다.[70] 간구(또는 도고) 기도로 번역하는 것

---

70) 성경에서는 예수님을 중보자라 가리킨다(딤전 2:5; 히브리서 9:15, 12:24). 한글 성경은 또한 'intercession'을 간구라 번역한다(히브리서 7:25).

이 성경적이다. 동일하게, 많은 교회 내에 존재하는 중보 기도팀 역시 간구(또는 도고) 기도팀으로 교정하여 부르는 것이 적절하다.[71]

✦ 집사

집사 직분의 성경적 근거는 디모데전서 3장 8-13절에서 찾을 수 있다. 집사는 헬라어로는 남성 명사 'διάκονος(디아코노스)'이며 영어로는 'deacon'이다. 이 단어는 직역하면, '섬기는 자' 혹은 '봉사자'의 의미를 가진다. 이 집사의 직분은 로마서 16장 1절에서도 등장하는데, 이 구절이 여성 집사에 대한 직접적인 논쟁을 불러일으킨다.[72] 여기에서 '일꾼'으로 번역된 헬라어 단어 '디아코논(διάκονον)'은 '디아코노스'의 여성형으로 여성 집사를 가리킬 수 있기 때문이다. 성경에 기록된 집사의 유래는 사도행전에서도 찾아볼 수 있다.

"온 무리가 이 말을 기뻐하여 믿음과 성령이 충만한 사람 스데반과 또

---

71) 기도와 관련하여 교회에서 흔히 사용하는 또 다른 잘못된 용어는 바로 '축복'이다. 축복(祝福)이라는 한자어는 '복을 빌다'의 뜻을 가지고 있다. 그러므로 우리가 하나님께 '축복해주세요'라고 기도할 때에는 하나님이 하나님보다 더 높은 또 다른 존재에게 복을 빌어달라는 요청이 된다. 즉, 가장 높으시고 유일하신 신이신 하나님의 정체성을 의도치 않게 부인하는 것이다.
72) "내가 겐그레아 교회의 일꾼으로 있는 우리 자매 뵈뵈를 너희에게 추천하노니(로마서 16:1)"

빌립과 브로고로와 니가노르와 디몬과 바메나와 유대교에 입교한 안디옥 사람 니골라를 택하여 사도들 앞에 세우니 사도들이 기도하고 그들에게 안수하니라(사도행전 6장 5-6절)"

이 구절들을 통해서 이해해야 하는 단어는 '섬김'이다. 섬김이란 모든 그리스도인들이 마땅히 행해야 할 도리이기에 그러한 측면에서 보면 모든 성도는 집사라고 볼 수 있다. 진정한 믿음이 있는 성도는 자원함으로 교회 사역을 담당하고 봉사하게 된다. 성도의 섬김은 반드시 거쳐야 할 성화의 과정의 한 부분이며, 하나님께서 주시는 복도 된다. 그러나 특정한 교회 직분으로의 집사란, 그 직분에 자격(딤전 3:8-13; 행 6:3; 고전 12:28)을 갖춘 이들이 부름을 통해 안수받는 영구적인 직분을 의미한다. 집사는 장로들이 기도와 말씀에 전념하여 교회의 영성을 돌볼 수 있도록 교회의 일반 행정, 재정, 보수와 유지 등의 업무와 함께 구제와 봉사를 목표로 힘쓰도록 뽑힌 자들이다. 따라서 집사는 모든 섬기는 자들(모든 성도) 중에서 직분을 맡아 섬기는 자들이라고 요약할 수 있다. 한편 집사들의 선출은 디모데전서 3장을 기준으로 삼는다.

"이와 같이 집사들도 정중하고 일구이언을 하지 아니하고 술에 인박이지 아니하고 더러운 이를 탐하지 아니하고 깨끗한 양심에 믿음의 비밀을 가진 자라야 할지니 이에 이 사람들을 먼저 시험하여 보고 그 후에 책망할 것이 없으면 집사의 직분을 맡게 할 것이요 여자들도 이와 같이 정숙하고 모함하지 아니하며 절제하며 모든 일에 충성된 자라야 할지니라 집사들은 한 아내의 남편이 되어 자녀와 자기 집을 잘 다스리는 자일지니 집사의 직분을 잘한 자들은 아름다운 지위와 그리스도 예수 안에 있는 믿음에 큰 담력을 얻느니라(디모데전서 3장 8-13절)"

디모데전서와 사도행전에 기록된 집사의 자격을 두 단어로 간략하게 담아본다면 바로 믿음과 성령 충만이다. 그리고 집사들의 임무를 요약하는 단어는 여전히 섬김이라고 할 수 있다. 설교(preaching the Gospel)와 치리(administration of ordinances)는 집사들의 임무가 아니다. 그러나 성찬의 준비(providing the bread and wine for the Lord's table), 교인들 간의 교제를 위한 식사의 주관(table ministries), 가난한 자들을 위한 구제 사업(helping the poor), 일반적인 교회 재정, 행정, 관리, 건물의 수리 및 유지(general management of the Church finance, administrative duties, overseeing the maintenance of property including repairs and upkeeps of the Church properties) 등 교회의 여러 범위에 걸쳐 집사는 자신들의 섬김의 손길을 내밀 수 있다.[73]

한인 교회들이 범하기 쉬운 오류 중의 하나는 장로들이 안수 집사들 중에서 선출된다는 것이다. 다시 말해, 안수 집사를 장로 직분의 직전 단계로 오인하는 것이다. 물론, 집사들 중에서 장로로

---

73) 고린도전서 12장 28절과 사도행전 6장 3절에 대한 존 길과 헨드릭슨의 주석을 참조했다.

부름받는 가능성을 배제할 수는 없다. 그러나 장로가 집사들 중에서 선출되어야 한다는 성경적인 근거도 없다. 그렇기에 장로 선출의 자격으로 집사 직분을 필수적으로 포함시킬 수 없는 것이다. 장로와 집사는 서로 다른 직분이라는 사실을 기억하자. 또한, '안수 집사'라는 단어 자체에도 문제가 있다. 성경에 등장하는 모든 집사는 안수를 받은 영구직이다. 어느 한인 교회의 교인과 담임 목사의 대화가 떠오른다. 한 교인이 "왜 우리 교회에서는 안수 집사를 세우지 않습니까?"라고 담임 목사에게 물었다. 목사의 대답은 이러했다. "안수 집사들은 하나같이 적당한 때가 되면 장로직을 받을 줄로 생각하기 때문입니다." 집사는 장로 직분을 준비하기 위해 있는 중간 과정이 아니라 자체가 교회에 반드시 있어야 할 귀한 직분이다. 교회 직분을 세속의 계급과 같이 상하 관계로 여기는 사고방식은 반드시 버려야 한다.

한인 교회에서 안수 집사의 직전 과정으로 여기는 또 하나의 직분이 있다. 바로 교회 내에서 가장 많은 비중을 차지하는 서리 집사이다. 사실, 서리 집사라는 직분은 성경에서 찾을 수 없는데 많은 한인 교회에서 교회 출석이 3~5년 이상 된 세례 교인을 당회의 공천과 공동 의회의 인준 하에 안수 없이 서리 집사로 임명한다. 따라서 서리 집사는 안수 집사와는 달리 영구적인 직분으로 여기지 않으며, 매년마다 재임명하는 과정을 갖는다. 여러 미국 교회들에서 사역을 보조하는 교인(경우에 따라 봉급을 받는 직원)들을 보았지만, 그들 역시 한국 교회의 서리 집사 같은 별도의 직분을 부여

받지는 않는다.

서리 집사를 세우는 두 가지의 이유를 생각해보자. 하나는 그들로 하여금 사역을 담당하도록 만들기 위해서이다. 한국 교회의 특성상 많은 사역들이 교회 내에 산재되어 있는데 이 모든 일들을 자원자들로만 감당하는 것은 결코 쉽지 않다. 그렇기에 평신도라는 이름 대신 서리 집사라는 직분을 수여하고 교회 사역에 동참하도록 독려한다. 또 하나의 이유는 연장자에 대한 호칭 문제인데 한국인의 문화와 관련돼 있다. 연배가 한참 위인 다른 교인에게 젊은 교인들이 "형제님(자매님)"으로 부르는 것은 한국 정서에는 잘 맞지 않는다. 같은 공동체 내의 연장자를 예우하는 태도가 호칭에 반영돼 있는 것은 분명 한국의 문화이다. 이러한 한국 교회의 특성 때문에 별도의 비성경적 직분이 만들어지는 문제가 발생한다. 그리하여 집사의 자격 및 임무와 무관한 서리 집사 직분이 수많은 교인들에게 주어진다. 이러한 두 가지 사항이 궁극적으로는 받아들여질 수도 있겠지만, 아무리 그 의도가 좋더라도 인간의 생각과 편의만으로 하나님의 규칙을 뛰어넘을 수는 없다.

집사와 관련하여 보다 실제적인 문제들을 이어서 알아보자. 교회에서 섬김의 자리를 만들어주기 위해 서리 집사라는 직분을 주었지만, '대우는 받고 싶고 일은 하기 싫은' 이중성의 모습이 교회에 만연한 것도 사실이다. 그 속에서 목사들은 집사들을 쫓아다니며 미션을 전달하는 것을 자주 본다. 자원하는 마음에서 오는 아름다운 섬김의 자세가 아닌, 주위의 압력과 눈치로 인해 교회의 일들을 감당하는 이들이 적지 않다. 일을 더 많이 한다고 느끼는 집사들은 비교적 교회 일을 적게 하는 집사들에 대해 불평한다. 또 어떤 경우에는 더 많은 사역을 맡았다는 자부심이 신앙의 우월감을 만들기도 한다. 교회는 의도적으로 이러한 경쟁의식을 불러일으키기도 한다. 그리하여 남자 집사는 장로라는 직분을, 여자 집사는 권사라는 직분을 기대하며 공동체의 섬김이 아닌 자신의 욕심을 섬기는 결과를 낳는다. 장로 후보에 오른 집사가 매일같이 새벽 기도에 참석하고 교회 마당을 청소하다가도, 장로 장립 이후에는 180도로 태도가 바뀐다면 그 이유는 어디에 있을까? 현대의 한인 교회에서 교회의 직분이란 섬김의 직분이 아니라 사회에서의 계급화와 별반 다를 바 없는 것은 아닌가?

집사(서리 집사 또는 안수 집사)가 가르치는 직분이 아니라 할지라도 그들에게는 역시 자신의 역할과 직분, 그리고 교회에 대한 성경적 지식은 필요하다. 믿음의 기초인 말씀에 무지한 자들이 말씀으로 세워진 교회를 섬긴다는 건 쉽게 납득되지 않는다. "믿음만 있으면 된다"라는 답변은 결코 백 점 답안이 아니다. 교회의 청소년이 "성경 통독 한번 안 한 분이 어떻게 집사가 될 수 있어요?"라고 질문한다면 교회는 어떻게 답할 수 있을까? 성경 통독을 몇 번 했는지가 집사 자격의 필수 조건은 아니지만, 한 명의 성도로서 하나님의 말씀을 사랑하는 자세는 집사의 기본 조건이라고 할 수 있다. 집사 직분은 오직 말씀에 기록된 자격과 목적에 따라 섬김과 사랑의 사역을 기대하며 주어진다(사도행전 6:3). 교회의 그 어떠한 직분도 예의를 차리기 위해서 혹은 누군가를 대우하기 위해서 존재하는 것이 아니다. 집사 직분은 때가 되거나, 혹은 나이가 차서 얻게 되는 것 또한 아니다.

이러한 문제점들의 시작은 어디일까? 앞서 언급한 대로 말씀과 무관한 인간의 편의에 따라 직분을 만들었기 때문은 아닐까? 서리 집사라는 직분 자체가 비성경적이기에 그 직분의 시작부터가 잘못된 것이다. 하나님께서 제정하신 직분은 말씀에 기록되어 있다. 하나님께서는 그분의 말씀에 더하지도 덜하지도 말라고 명하셨다(신명기 4장 2절; 요한계시록 22장 18절). 비성경적인 직분은 바리새인들과 같이 하나님의 율법에 자신들의 전통을 더한 것과 별반 차이가 없다. 그러므로 비성경적인 서리 집사 직분은 반드시 폐지되어야 한다. 성경에서 모든 집사는 당연히 안수를 받았다고 증언한다(사도행전 6장 5-6절). 그러므로 안수 집사라는 명칭을 없애고 단순하게 집사라고 통일해야만 한다.

✦ 권사

한국 장로교회에서 '권사'라는 직분은 일반적이다. 각 교회의 규정에 따라 세부 사항은 다르겠지만, 일반적으로 50~55세의 연령에 해당하는 여성 집사들 중에서 꾸준히 교회 생활을 해온 자가 공천 및 선출된다. 예외적으로, 한국의 감리교에서는 남성도 권사직을 수여받기도 한다. 미국 교회에서는 살펴볼 수 없는 '권사'라는 직분이 한국 교회만의 전통인지, 외국의 교회에도 있는 것인지, 교회의 역사 속에 그 유래가 있는 것인지 늘 궁금했다. 우선은 주변에 있는 여러 목사들에게 문의를 해보았다. 그들에게서 들을 수 있었던 동일한 대답은, "권사 직분은 한인 교회만의 제도이다"라는 것이었다. 이어서 "그러면 이 직분이 과연 성경적인가?"라는 질문에 대해서는 모든 목사들이 비성경적인 직분임을 인정했다. 개혁주의 전통을 따르고 있는 한국의 어느 장로교회의 헌법을 뒤적여보았을 때, 권사의 자격, 선출 방식, 직무 등에 대해서는 기록되어 있었지만 그것의 성경적 정의와 유래는 찾을 수 없었다. 당연히, 권사와 관련한 성경 구절은 전혀 포함되지 않았다.

교회 내에서 일반적으로 이해하고 있는 권사라는 직분은 '권유자 혹은 장려자(encourager or exhorter)'의 의미를 가지고 있다. 그들의 주요 활동은 교회와 신도들을 위한 기도, 새 신자와 미성숙한 성도들을 위한 격려, 환우 심방 등 매우 광범위하다. 권사는 집사보다 상위 직분으로 여겨지고 있으며, 상황에 따라 장로들과 동등한 위치에 놓기도 한다. 보다 개방된 교회에서는 권사들이 대표기도뿐 아니라 성찬까지도 장로들과 함께 집례한다. 성경의 기준에 따르기보다는 단지 남녀평등(gender equality)을 고무시키기 위한 하나의 방식은 아니었을까?

교회 직분에 대해 교인들이 잘못된 생각을 하고 있다는 것을 느끼인 적이 있다. 어느 여집사가 다른 지역으로 이사를 가기로 계획했다. 그러나 그 시기가 권사 공천과 맞물렸고, 그 집사는 권사 임직과 동시에 교회를 떠났다. 물론 모든 성도들이 이러한 행동을 하지는 않을 것이다. 그러나 직분을 계급과 같은 것으로 여기기에, 교회를 섬길 수 있는지의 여부와 상관없이 진급만을 우선하는 사고가 우리 안에 있다는 점을 부정할 수 없다.

위에서 언급한 바와 같이 현대의 많은 진보적 교회에서는 여성 목사들과 여성 장로들을 선출한다. 심지어는 동성연애자인 목사도 있다. 이러한 문제들로 적지 않은 교회와 교단들이 분리되거나 분쟁 상태에 놓여 있다. 그런 모습과 비교하자면 권사직은 교회 전체의 사역 차원에서 볼 때에 결코 막중한 것이 아니라고 생각하는 사람들도 있을 것이다. 그렇지만 필자가 던지는 질문은 이 직분이 성경적이냐는 것이다. 물론, 어떤 목회자는 권사 직분의 성경적 근거로 다음의 성경 구절들을 언급한다(단어들을 보다 명확하게 이해하기 위해 영어 단어를 같이 적는다).

"혹 권위하는(encouraging) 자면 권위하는 일로 구제하는 자는 성실함으로 다스리는 자는 부지런함으로 긍휼을 베푸는 자는 즐거움으로 할 것이니라(로마서 12장 8절)"

"형제들아 우리가 너희에게 구하노니 너희 가운데서 수고하고 주 안에서 너희를 다스리며 권하는(admonish) 자들을 너희가 알고(데살로니가전서 5장 12절)"

위의 구절들이 권사 직분에 대한 성경적 근거로 타당하지 않은 이유는 다음과 같다.

i. 로마서 12장 8절에서 '권위'를 표현하는 헬라어 단어는 'παρακαλέω(파라칼레오)'이다. 이 단어의 정확한 뜻은 '권고하다' 또는 '충고하다'이며 본문에서는 남성 동사 단수형으로 사용되었다. 그러므로 이 구절이 여자 권사 직분의 성경적 근거로 제시될 수는 없다.

ii. 로마서 12장 8절에서는 성도들이 같은 믿음 안에 있는 형제자매들에게 보여줘야 할 태도를 가르친다. 성경학자 헨드릭슨은 이 구절에서 예언, 봉사, 가르침, 권면, 구제, 리더십, 자비 등 일곱 가지의 은사를 설명한다.74) 그리고 이 은사들은 모든 성도들의 역할을 위한 은사이지 권사라는 특정한 직분을 위한 성경적 근거는 되지 않는다.

iii. 데살로니가전서 5장 12절에 쓰인 '권하다'에 해당하는 헬라어는 'νουθετέω(누떼테오)'로서 '훈계하다', '깨우치다', '타이르다' 등의 의미를 뜻한다. 이 구절도 남성 동사 복수형으로 사용되어 권사 직분의 성경적 근거로 제시될 수는 없다.

iv. 데살로니가전서 5장 12절에서 쓰인 헬라어의 뜻을 고려하면, '깨

---

74) William Hendriksen, *Exposition of the Book of Romans* (Grand Rapids, MI: Baker Books, 1953), pp. 411-413.

우치거나 타이르는 자들'은 교회의 지도자들을 가리킨다. 앞에서 등장한 '너희를 다스리며'라는 표현으로 인해 '지도자'라는 의미가 더욱 짙어진다. 한편 바울이 이해하는 교회의 지도자는 목사와 장로이다. 따라서 데살로니가전서 5장 12절은 여자 권사 직분의 성경적 증거가 될 수 없다.

v. 위의 두 가지 성경 구절과 함께 고려할 말씀은 고린도전서 14장 34-35절인데 여기서 사도 바울은 여자가 교회에서 지켜야 할 점을 명령한다.

지금까지 논의한 내용들을 종합하면, 권사 직분은 비성경적인 것이므로 성경에서 명시하는 직분은 장로와 집사로 한정된다. 존 칼빈 역시 그의 『기독교 강요』에서 교회의 직분을 크게는 장로와 집사 두 가지로 설명한다.[75] 따라서, 성경적으로 교회를 개혁하려는 용기 있는 교회는 비성경적인 권사 직분을 폐지해야 한다.

---

75) 자세한 내용은 『기독교 강요』 2권의 3장을 참조하라.

7
진정한 교회를 꿈꾸며 ② - 찬양

이 책을 시작하며, 음악 목사가 "예배의 꽃은 찬양입니다"라고 외치면서 찬양을 인도했던 경우를 예로 들었다. 이와 관련하여 많은 궁금증들이 생겼다. 성경은 음악 목사라는 직분을 가르치는가? 예배의 꽃은 정말로 찬양인가? 그가 선곡한 복음성가들은 우리가 불러도 안전한 노래들인가? 이러한 질문들에 먼저 답을 해본다. 예배의 꽃은 하나님 말씀의 선포, 즉, 설교이다. 성경에서는 음악 목사, 심지어 행정 목사라는 직분을 언급하지 않는다. 그리고 하나님께서 그분의 백성들을 위해 만들어놓으신 찬양곡들은 복음성가가 아니라 시편이다.

✦ **시편과 찬양**

예배 중 부르는 찬양이 말씀과 갖는 연관성은 무엇일까? 많은 예배자들에게 찬양이란 그저 설교 전에 마음을 고무시키는 정도로 받아들여진다. 어떤 이들은 찬양에 대해 기계적인 반응을 보이기도 한다. 또한 누군가는 찬양의 곡조와 가사가 주는 은혜가 예배의 핵심이라고 말한다. 필자 역시 그러한 생각의 범주에서 크게 벗어나지 못했다.

현대의 자유주의 교회들은 예배 중에 찬송가와 복음성가를 함께 사용하는 게 일반적이다. 찬송가의 대부분은 17세기 이후에 만들어졌는데 이들은 대부분 성경 말씀을 염두에 두고 만든 것이다. 그렇다면, 당시 찬송가를 만든 이들도 성도들이 부르는 찬송이 말씀에 기반해야 함을 인정했다고 볼 수 있다.[76] 찬송가의 가사는 비기독교적이거나, 이단적 색채를 담고 있어서는 안 된다. 또한 하나님의 말씀을 왜곡해서도 안 되며, 하나님의 말씀에 인간의 생각을 덧붙여서도 안 된다. 성도가 부르는 찬양 속에는 인간의 언어가 아닌 하나님의 말씀이 녹아 있어야 한다는 점은 자명하다. 아래에 실은 웨스트민스터 신앙 고백서 1장 6항에서 가르치듯이 하나님의 특별 계시인 성경은 사람들이 하나님에 대해 알 필요가 있는 모든 것을 포함한다.

> 하나님의 자기 영광과 사람의 구원 그리고 믿음과 생활에 필수불가결한 모든 일들에 관한 하나님의 협의 전부는 성경에 명시적으로 기록되어

---

[76] 물론, 찬송가의 가사들이 모두 성경적이라 할 수는 없다. 예를 들어, 복음성가에는 성경의 진리와 거리가 먼 가사들이 종종 나온다.

있거나, 합당하고 필연적인 추론을 통하여 성경에서 이끌어낼 수 있다. 이 성경에다 성령의 새로운 계시이든 사람의 전통이든 어떤 것이라도 어느 때에라도 덧붙여서는 안 된다.

이러한 성경 안에 인간이 하나님께 올려야 할 찬양 또한 포함되어 있다는 생각을 해보았는가? 하나님께서 성경 안에 담아두신 찬송집은 바로 시편이다. 시편의 히브리 원어 제목인 '테힐림(Tehillim)'은 한국어와 영어로 '찬송가(Hymns, Praise Songs, or the Book of Praises)'로 번역된다.[77] 존 칼빈은 시편에 대해서 "우리가 하나님을 찬양하는 올바른 방식을 더 완벽하게 가르쳐주거나, 이 종교 행사의 수행을 위해 우리를 더욱 강력하게 자극해주는 다른 책은 없다"라고 설명한다.[78] 만약 성경의 시편이 하나님이 교회에 주신 찬송가라면, 왜 현대의 교회들은 예배 중에 시편을 사용하지 않을까? 이 질문의 답을 찾기 위해 우선은 교회 역사에서 발견하는 찬송을 살펴보아야 한다. 이 작업을 위해 미국 인디애나 주에 위치한 그리스도 개혁장로교회(Christ Church Reformed Presbyterian Church)의 목사인 마이클 레페브레(Michael Lefebvre) 박사가 저술한 『예수의 노래를 부르다』의 일부를 인용해본다.

---

77) Gleason Archer, *A Survey of Old Testament Introduction*(Chicago, IL: Moody Press, 2007), p. 416.
78) John Calvin, *Calvin's Commentaries*, Volume IV (Grand Rapids, MI: Baker Book House, 1996), xxxviii-xxxix.

제1성전 시대 동안 유대인들은 공적 성경 낭독과 함께 시편 찬송을 불렀다. 신명기 31장 11절은 모세가 예배 안에서 선포할 목적으로 율법책을 기록했다고 밝힌다. 반면, 역대상 15-16장은 다윗이 예배 때 찬송하기 위한 목적으로 시편을 기록했다고 알려준다…(중략)…바벨론 포로 시대가 끝나고 유대인들은 제2성전을 건축하였다. 그러면서, 공적 성경 낭독과 설교가 다시 행해지게 되었다(느헤미야 8장 참고). 회중의 시편 찬송 또한 회복된다. "찬양으로 화답하며 여호와께 감사하여 이르되(찬송하되) 주는 지극히 선하시므로 그의 인자하심이 이스라엘에게 영원하시도다(스 3:11, 시편 136편을 찬송)." 그리스인들과 로마인들이 팔레스타인을 정복했던 격동의 신구약 중간기에도 시편 찬송은 계속해서 사용된다…(중략)…신구약 중간기에도 시편 찬송은 계속해서 불렸으며, 신약 시대까지 지속된다. 예수님은 공생애 기간에 구약 성경을 설교하셨다(눅 24:44 참고). 예수님은 또한 하나님 아버지께 시편으로 찬송하셨다. 예를 들자면, 마가복음 14장 26절은 예수님께서 유월절 시편(시 113-118)을 제자들과 함께 찬송하셨다고 기록한다…(중략)…히브리서 기자 역시 예수님께서 시편을 찬송하셨다고 진술한다(히 2:11-12). 예수님의 승천 후에도 신약 교회는 계속해서 시편을 찬송했다…(중략)…바울은 신약 교회에 '시편 찬송'을 사용하여 경배할 것을 교훈한다(골 3:16, 고전 14:26, 약 5:13도 보라). 교회는 구약 시대, 신구약 중간기, 신약 시대에 걸쳐 계속해서 시편을 불러왔다. 시편은 낭독되고 설교됐을 뿐만 아니라(행 2:14-36, 히 1), 성경 시대 동안 교회의 찬송가로서 기능했다…(중략)…초대 교회 시대에도 시편은 계속해서 기독교 예배 중에 불리었다…(중략)…하나님의 백성은 적어도 그리스도께서 오시기 10세기 전(다윗 시대)부터, 그리스도께서 오시고 난 후에는 16-17세기(종교개혁 시대)까지 시편을 불러왔다. 시편 찬송을 보충하기 위해 이 시간 동안 다른 찬송곡들이 만들어지기는 했지만, 시편 찬송을 대체하지는 않았다. 시편 찬송을 대체하려는 노력의 시작은 18세기에 일어난 현대 찬송 작곡, 작사 운동으로부터 기원한다.[79]

레페브레 박사는 18세기에 일어난 변화를 선도한 인물들 중의 한 사람으로 '영어 찬송의 아버지'라고 칭송받는 아이작 왓츠(Isaac Watts, 1674~1748)를 소개한다. 왓츠는 650곡이 넘는 찬송시를 만들었다. 그가 시편이 아닌 다른 찬송을 만든 이유는 시편에 나타난 심판, 탄원, 저주의 표현들이 기독교 예배에 어울리지 않는다고 확신했기 때문이다. 이러한 변화와 함께, 하나님이 제정하셨으며 기독교 역사 내내 불린 찬양의 방법이 수그러들기 시작했다. 18세기 이후의 찬양 작곡가들은 유독 경배라는 주제를 선정해서 곡을 만들었다. '감리교의 시인' 혹은 '감리교회의 아삽'이라 불리는 웨슬리(Charles Wesley)가 지은 찬송가 대부분은 기독교적인 경험에 대한 찬양(hymns of Christian experience), 초청의 찬양(invitation hymns), 성화의 찬양(sanctification hymns), 장례 찬양(funeral hymns), 하나님의 사랑에 대한 찬양(hymns on the love of God)으로 분류된다.[80]

---

79) 마이클 레페브레, 『예수의 노래를 부르다』, 젠틀레인(2018), 20-27쪽에서 부분 인용.
80) https://www.songsandhymns.org/people/detail/Charles-Wesley (accessed June 8, 2021).

그러나 웨슬리의 찬송가를 비롯한 현대 찬송가의 일반적인 특징은 한편으로는 하나님의 사랑, 자비, 영광에 집중하고 다른 한편으로는 성도들의 구원과 성화, 그리고 역경 속에서의 평강에 초점을 둔다. 후자에 해당하는 많은 찬송가들은 성도들에게 그들의 신앙을 고무하고 격려하는 긍정적인 내용을 담는다. 그런 종류의 찬송가는 듣고 부르기에 부담이 적은 게 사실이다. 그렇지만, 한쪽으로만 기울어진 내용의 현대 찬송의 흐름은 성경적으로 바람직하다고 말할 수 있을까? 심판과 탄원, 그리고 저주의 내용을 담은 일부 시편들로 인해 시편 전체를 우리들의 찬양에서 모두 배제하는 것은 옳을까? 지금부터는 심판, 탄원, 그리고 저주의 내용을 담은 시편들이 찬송으로 적합한지에 대해서 고민해보려고 한다.

✦ 성경적인 찬양

성경 속의 시편이 하나님께서 그분의 백성에게 주신 찬송이라는 점을 이미 밝혔다. 그러므로 단지 듣기에 불편하고 기독교 예배와는 어울리지 않는다는 추정만으로, 인간이 만든 찬송으로 하나님께서 주신 찬송을 대체하는 건 심각한 과오를 범하는 것이다. 현대의 찬송을 지지하는 사람들이 시편이 주는 불편함을 지적하지만, 사실 우리로 하여금 불편함을 일으키는 사건들은 성경 안에

넘쳐난다. 가인이 자기의 친동생 아벨을 죽인 성경 속의 첫 번째 살인(창세기 4장), 노아 가족만을 제외하고 홍수로 모든 인류를 멸하신 하나님의 심판(창세기 7장), 소돔과 고모라에 내려진 유황불 심판(창세기 19장), 유월절에 이집트의 모든 장자들에게 내려진 죽음(출애굽기 12장), 라합의 가족만을 제외하고 여리고 백성들을 전멸한 사건(여호수아 6장), 피바다를 연상시키는 제사 광경(레위기, 민수기), 다윗이 밧세바를 간음하고 그 남편 우리아를 살해한 사건(사무엘하 11장) 등 구약의 내용 중에는 독자의 마음을 불편하게 만드는 내용들이 무수히 많다. 저주의 구절들 역시 어떤 이들에게는 기독교 사상과 동떨어진다는 주장을 불러일으킬지 모른다. 그 예로 예레미야애가 3장의 말씀을 읽어보자. "여호와여, 주께서 저의 손으로 행한 대로 보응하사 그 마음을 강퍅하게 하시고 저주를 더하시며 진노로 저희를 군축하사 여호와의 천하에서 멸하시리이다."

그렇다면, 신약 성경은 구약과 달리 현대 찬송 지지자들이 말하는 온유함, 사랑, 자비, 은혜 등의 소위 '기독교적'인 메시지만을 포함하고 있을까? 많은 교인들은 예수님을 자비와 사랑으로 가득 찬 구세주이자 친구로 여기곤 한다. 필자는 그런 생각이 모두 잘못되었다고 생각하지는 않는다. 그러나, 주님께서 심판자의 하나님으로 다시 오실 날을 떠올리면 신자는 매우 두렵고 떨리는 마음을 동시에 가져야 하는 것이 바람직하다. 예수님께서 마태복음 24-25장에서 경고하신 예루살렘과 성전의 종말을 우리는 반드시 기억해야 한다. 예수님이 신자라고 착각하는 사람들에게 하신 말씀을 두고 우리는 언제나 고민해야 할 것이다(마태복음 25장 41절). 주님은 그 자들을 저주를 받은 자들이라 부르시며 "마귀와 그 사자들과 함께" 지옥으로 갈 것이라 말씀하셨다.[81] 요한의 계시록을 통해 주님께서 선포하신 말씀은 또 어떠한가? 성경에서 지옥에 관해 가장 빈번히 언급하신 분이 바로 예수님이시다. 이런 내용이 사람들을 불편하게 만든다는 이유로 목사들은 설교에서 그러한 성경의 내용들을 배제해야만 하는가?

> "그러나 두려워하는 자들과 믿지 아니하는 자들과 흉악한 자들과 살인자들과 행음자들과 술객들과 우상 숭배자들과 모든 거짓말하는 자들은 불과 유황으로 타는 못에 참예하리니 이것이 둘째 사망이라(요한계시록 21:8)"

종합하자면, 하나님의 모든 뜻(the whole counsel of God)은 성경 속에 담긴 모든 내용을 가리킨다. 교회는 신구약 전체를 받아들여야 하며 목사는 성경 전체를 설교해야 한다. 어떤 목사가 회중이 듣기 거북한 부분은 빼고 단지 격려와 위로의 말씀만 전한다면 그는 하나님보다 사람을 더 두려워했던 사울 왕과 다를 바가 없다(사무엘상 15장 24절). 같은 이유로, 시편 역시 인간의 선호도 문제로 인해 우리의 찬송에서 배제되거나 대체되어서는 안 된다. 신명기 4

---

81) "또 왼편에 있는 자들에게 이르시되 저주를 받은 자들아 나를 떠나 마귀와 그 사자들을 위하여 예비된 영영한 불에 들어가라(마태복음 25:41)"

장 2절은 우리가 하나님의 말씀을 가감할 수 없다는 점을 명시한다("내가 너희에게 명하는 말을 너희는 가감하지 말고 내가 너희에게 명하는 너희 하나님 여호와의 명령을 지키라").[82]

필자는 지금 우리가 사용하고 있는 현대 찬송가들의 폐지를 논하는 게 결코 아니다. 필자가 말하고 싶은 바는 하나님이 제정하신 예배의 방식 안에 어떤 찬송가가 더욱 적합한지 우리가 심각하게 고민해야 한다는 것이다. 그리고 스스로 진정한 신자라고 여긴다면, 그 고민의 끝에 시편을 찬송으로 부르려는 심각한 노력과 실천이 반드시 우리에게 필요하지 않겠는가 하는 물음을 던지는 것이다. 바리새인들은 자신들이 만든 전통과 율법을 점차적으로 하나님의 율법과 동일한 위치에 놓고 유대인의 삶을 주관했다(마태복음 15장 3-9절). 하나님의 백성이라면, 하나님이 제정하신 예배의 방식을 따라 하나님이 주신 찬송인 시편을 우선시해야 하지 않겠는가?

✦ 시편의 구성

시편은 토라(Torah)라고 부르는 모세 오경과 짝을 이루듯 총 다

---

[82] 요한계시록에도 유사한 말씀이 기록되어 있다. "내가 이 책의 예언의 말씀을 듣는 각인에게 증거하노니 만일 누구든지 이것들 외에 더하면 하나님이 이 책에 기록된 재앙들을 그에게 더하실 터이요 만일 누구든지 이 책의 예언의 말씀에서 제하여 버리면 하나님이 이 책에 기록된 생명 나무와 거룩한 성에 참예함을 제하여 버리시리라(요한계시록 22장 18-19절)"

섯 권으로 분류된다.[83] 토라는 히브리어로 '명령'이라는 뜻과 아울러 '가르침'이라는 뜻을 내포한다. 토라는 본질적으로 하나님을 어떻게 믿어야 하는가와 신자들이 반드시 행해야 할 바를 가르친다. 시편은 우리에게 토라, 즉 하나님의 가르침과 명령을 시와 찬미로 전한다. 그리고 우리는 그 시들에 곡조를 붙여 보다 쉽게 성경의 가르침과 우리의 마음을 하나님께 올리게 된다.

필자는 5권으로 나눠진 시편이 권별로 각기 다른 주제를 가지고 있다기보다는 그 안에서 유사한 주제들이 반복적으로 다뤄지고 있다고 본다. 그중에서도 시편 안에서 주목해야 할 몇 가지의 주제들은 다음과 같다. 먼저, 시편의 절반 정도의 분량을 채우는 주제로서, 신자가 곤경에 처할 때에 믿음을 드러내며 하나님의 도움을 구하는 것이다. 시편 12, 23, 91편들이 대표적이다. 시편 100편과 103편을 비롯한 40여 편은 하나님을 찬양하는 데 중점을 둔다. 시편 1, 15, 101, 112, 그리고 133편에서는 의로운 사람(Righteous Man)을 서술한다. 왕의 시편(Royal Psalms)은 2, 21, 45, 72, 110, 132편이다. 대표적인 참회의 시편은 32와 51편이며 38, 130, 143편 역시 부분적으로 참회의 요소를 시 속에 담고 있다. 적어도 78, 81, 105, 106편은 역사 기술적인 시편들이다. 계시를 강조하는 시편 19편과 119편도 있다. 그리고 신약에서 그리스도에게 적용되는 메시아적 시편들은 시편 2, 8, 16, 22, 40, 41, 45, 68, 69, 89, 102,

---

83) Archer, *A Survey of Old Testament Introduction*, p. 416. 시편의 분류는 다음과 같다. 1권: 1-41편; 2권: 42-72편; 3권: 73-89편; 4권: 90-106편; 5권: 107-150편

110, 그리고 시편 118편이다. 지금까지 열거한 시편들의 주제들은 사람들로부터 이질감을 불러일으키지는 않을 것이다. 다수의 현대 찬송가들도 이러한 내용의 성경 구절들을 바탕으로 작사하여 우리의 귀에 익숙하다.

✦ 저주의 시편

사람들을 불편하게 하는 저주의 시편(Imprecatory Psalms)은 69, 101, 137편이 대표적이며, 35, 55, 58, 109편 등에도 유사한 내용을 일부 담고 있다. 이 저주의 시편에 대해 생각하기에 앞서 레페브레 목사가 설명하는 시편에 대한 기본적인 내용을 이해할 필요가 있다.

> 시편은 찬송가이다. 시편은 성경의 책들 중 유일하게 하나님이 청자(듣는 이)이시고 하나님의 백성들이 택함 받은 화자(말하는 이)가 된다. 이는 시편을 구성하는 중요한 부분이며, 이 부분은 오늘날 교회에서 우리가 시편을 어떻게 사용해야 하는지에 대한 중요한 의미를 제시한다…(중략)…성경의 다른 책들과 마찬가지로, 시편은 하나님께서 우리에게 주시는 온전한 말씀이다. 그러나 성경의 다른 책들과 다르게, 시편은 하나님께 되돌려드리는 우리의 찬송이 되도록 기록되었다.[84]

---

84) 레페브레, 『예수의 노래를 부르다』, pp. 18-19.

즉, 시편을 제외한 65권의 성경은 신자가 청자로서 말씀을 듣는다. 그러나 시편만큼은 우리가 동시에 청자와 화자가 되어 하나님의 말씀을 듣고 또한 응답한다. 저주의 시편들에는 시편 필자가 그들의 적들에게 하나님의 진노를 내려달라고 호소하는 내용이 담겨있다. 이런 점은 원수를 사랑하라는 기독교 정신에 모순되는 것으로 보일 수도 있다. 이 둘 사이에서의 딜레마를 해결하기 위해서는 먼저 시편 필자들의 호소가 개인적인 복수에서 야기된 것인지를 살펴보아야 한다. 만일 이 저주가 개인적인 복수를 위한 간청이라면, 그 호소와 저주는 비기독교적이라고 주장할 수 있다. 그러나, 저주의 시편 속에서 드러나는 간청이 개인적인 욕망이 아닌 하나님의 말씀에 근거하고 그분의 영광에 관계된다면 그 호소는 기독교 사상에 위배되지 않는다.

두 가지 정도의 예를 살펴보자. 시편 137장 9절은 "어린 것들을 반석에 메어치는 자는 유복하리로다"라고 노래한다. 그냥 듣기에도 매우 끔찍하다. 어린 아이들을 잔인하게 살해하는 자에게 복이 있다고 하는 말에 누가 거부 반응을 일으키지 않겠는가? 그러나, 이 표현은 이사야 선지자가 바빌론 사람들에게 예언하면서 이미 사용한 것이다(이사야 13장 16절). 바빌론의 군대가 유다의 어린 아이들에게 저질렀던 잔학한 행위에 대해 하나님께서 보복하신다는 이사야 선지자의 예언이었다. 이 시편의 필자인 다윗은 개인적인 복수를 간청하지 않았고, 앞으로 일어날 일을 바라보며 화자로서 하나님의 예언을 확신하며 확인하고 있었다. 그는 하나님의 예언이 반드시 이뤄진다고 확고하게 믿고 이것을 말하고 있다.

저주의 표현을 내포하는 예를 시편 109편에서도 찾을 수 있다. 여기서는 다윗이 자신의 적들인 압살롬, 사울, 혹은 아히도벨을 대상으로 기록하였다고 이해할 수도 있다. 그러나 적지 않은 신학자들은 다윗이 시편 109편에서 그리스도의 고난을 예언하고 있다고 설명한다.[85] 성령의 감동을 입은 다윗은 그리스도를 배반한 가룟 유다에 대한 예언으로 이 시편을 기록한 것이다. 사도행전 1장 16절이 확인해주듯이, 이 시편은 '가룟의 시편'이라고도 불렸다.[86] 종합해보면, 시편 109편 역시 다윗 개인의 복수가 아닌 미래의 그리스도가 당하실 배반과 고난이 예언된 것이다.

지금까지 살펴본 바와 같이, 저주의 시편은 개인적인 복수를 호소하기보다는 하나님의 백성이 그분 뜻의 실현을 기대하며, 하나님의 백성이라는 정체성 안에서 하나님의 대적들을 향한 거룩한 분노(holy anger)를 가지고 하나님께 전하는 내용이라고 볼 수 있다. 아처(Gleason Archer)는 저주의 시편에 대해 다음과 같이 설명한다(필자 직역).

> 그리스도의 첫 번째 강림에 앞서, 믿지 않는 세상에 말씀의 진리를 증명할 수 있는 구체적이고 실질적인 방법은 잘못을 저지른 사람들은 재앙을 당하고 진리를 고수했던 사람들에게는 구원이 주어진다는 것을 드러

---

85) 존 칼빈, 존 길, 매튜 헨리의 주석에서 그 내용을 확인할 수 있다.
86) Gill, *An Exposition of the Old and New Testaments*, 3:523-524.

내는 것이다. 악한 자들이 세상에서 계속해서 승리한다면, 그들의 일시적인 번영은 이스라엘의 하나님의 주권과 거룩을 부정할 것으로 보인다. 구약의 히브리 백성은 그러한 상황이 지속될수록 영혼의 괴로움을 느꼈다. 히브리 신자들은 하나님의 대의에 스스로를 완전하게 일치시킬 때에야 하나님의 적들을 자신의 적들로 여길 수 있었다. 또한 신자들은 이론뿐 아니라 실제적으로도 하나님의 주권과 율법을 부정하는 자들에게 하나님께서 파멸을 가하심으로 그분의 명예를 지키시고 공의를 드러내시기를 간청했다.[87]

아처 역시 저주의 시편은 개인의 복수를 호소하는 게 아니라는 점을 강조한다. 오히려 하나님의 원대한 뜻 안에서 하나님께 대적하는 자들에게 맞서고 있는 시편의 필자들에 주목한다. 그러므로 저주의 시편들이 가지는 참된 의미를 배제한 채, 그저 피상적인 저주적 표현 때문에 시편 찬송을 거부하고 무시하는 것은 위험하고 무책임하다고 할 수 있다. "모든 성경은 하나님의 감동으로 된 것으로 교훈과 책망과 바르게 함과 의로 교육하기에 유익"하다는 디모데후서 3장 16절의 말씀이 시편에도 고스란히 적용된다는 사실을 기억해야 한다. 하나님께서 지정하신 찬송인 시편을 우리들의 예배에서 반드시 사용해야 하는 것은 자명하며 또한 그 찬송에는 저주의 시편 역시 반드시 포함되어야 한다.

---

87) Archer, *A Survey of Old Testament Introduction*, pp. 425-426.

성도들은 성령님의 감화 감동으로 제작된 찬송가를 시편으로 이미 받았다. 이는 하나님이 직접 인정하신 찬송가이다. 사람의 귀에 흡족하게 느껴지지 못하거나, 기독교 정신에 부합하지 않는다는 억측으로 역사는 시편 찬송을 내던졌다. 하나님이 만드신 찬송과 인간이 만든 찬송이 다르다는 점을 인지할 때에 우리는 그러한 역사의 오류를 되짚어볼 수 있을 것이다. 물론, 필자가 현대 찬송가 전체를 폐지해야 한다고 주장하는 바는 아니다. 그러나 시편 찬송가의 가치와 중요성을 교인이 아닌 신자는 결코 부정해서는 안 된다고 필자는 감히 주장한다.[88] 본 장을 끝내며 웨스트민스터 신앙고백서가 정리하는 예배 중 찬양에 대해 읽어보았으면 한다.

통상적으로 하나님을 예배하는 다른 순서로는, 경외함으로 행하는 성경 봉독, 건전한 설교, 하나님을 순종함으로 총명과 믿음과 공경으로 말씀을 신실하게 경청함, 마음의 감사가 담긴 시편 부르기(singing of Psalms), 그리스도께서 제정하신 성례를 합당하게 집례함과 그에 상응하는 참여 등이 있다. 이 외에도 종교적 맹세와 그리고 서원, 진지한 금식과 특별한 기회에 드리는 감사 등도 거룩한 종교적 방식으로 여러 기회와 시기에 행하여야 한다(21장 5항).

---

88) 필자는 마이클 레페브레(Michael Lefebvre)가 저술한 『예수의 노래를 부르다』를 독자들에게 권한다.

그리스도인의 삶, 고난, 그리고 믿음

8
율법과 그리스도인의 삶

현대 교인들은 예수님께서 모든 율법을 완전하게 지키셨기에 자신들은 율법으로부터 자유하다고 생각하며, 율법, 특히 도덕법의 중요성에 대해 무심하다. 물론 시민법과 의식법은 현대 교인들에게 더 이상 효용이 없다. 그러나, 도덕법은 시대를 불문하고 모든 사람이 반드시 지켜야 할 하나님의 율법이다. 두 돌판에 새겨진 십계명으로 축약된 이 도덕법은 신자가 성화의 과정 동안 반드시 지켜야 한다. 이 내용을 살펴보기에 앞서 이와 연관되어 있는 율법주의와 율법 폐기주의를 소개한다.

✦ **율법주의**(Legalism)

미국 한인 교회의 구역 성경 공부 시간에 구역장이 하나님의 율법의 중요성에 대해 언급하자, 한 구역원이 민감한 반응을 보이며, "현대 교회의 교인들은 신약에 의해 구약의 모든 율법에서 해방됐으며, 따라서 구약의 율법은 폐지됐다"라고 주장했다. 그 구역원이 열정적으로 외친 구약 율법의 폐지에는 오해의 소지가 있다. 율법주의의 폐지를 주장함은 근본적으로 옳지만, 구약 율법 전체의 폐지를 주장함은 바르지 않기 때문이다. 구약의 율법 전체를 폐지한다는 의미는 아기를 목욕시킨 뒤에 그 아기를 목욕물과 함께 버리는 모양과 같다. 필자는 그 구역원이 기독교 역사 속에서 사용되는 율법주의의 정의를 알고 있는지 궁금했다. 모임 이후 그와 나눈 대화에서 그가 가진 율법주의에 대한 지식이 사전적 정의를 벗어나지 않는다는 점을 알게 되었다. "종교법 혹은 도덕법 같은 어느 특정한 법전을 문자적으로 엄격하게 고수한다(웹스터 영어사전)"라는 사전적 정의(혹은 세속적 정의)는 기독교에서 사용되는 율법주의의 정의와 핵심에 있어서 그 결이 다르다. 기독교 공동체에서 사용되는 매우 간단한 율법주의라는 단어의 의미는, '율법을 준수함으로 천국에 들어갈 수 있다고 고집하는 주의'라는 뜻이며 이 단어는 신약과 구약 어디에도 나타나지 않는다. 율법주의는 일반적으로 '율법의 사역(works of law)'이라고도 불리며, 궁극적으로는 구원을 얻으려는 희망 속에서 스스로 율법을 준수하는 노력으로 의로움을 얻으려는 신념이다.[89] 그러므로, 율법주의의 세속적 정의에서 결핍된 것은 '율법을 준수함에 의한 구원'이 된다.

   자유주의 교회 내에서는 신약의 복음 선포와 함께 율법 전체가

---

89) "그러므로 율법의 행위로 그의 앞에 의롭다 하심을 얻을 육체가 없나니 율법으로는 죄를 깨달음이니라(로마서 3:20)"

폐지되었으며 그로 인해 성도들은 율법으로부터 자유하다고 가르치는 경우가 태반이다. 교인들은 "자신의 수고가 아니라, 오직 믿음으로 구원받는다"라는 설교를 귀가 따갑게 들어왔지만, 율법주의가 어떻게 '은혜의 구원'과 충돌하는지에 대해서는 거의 듣지 못하고 있다. 따라서 대부분의 교인들은 율법주의가 나쁘다는 것은 알지만, 율법주의가 은혜를 통한 구원과 정반대에 위치하여 복음의 핵심을 부인하고 있다는 사실을 충분하게 이해하지 못하고 있다.

다시 한번 강조하자면, 율법주의는 구원을 얻으려는 소망 안에서 율법을 지키고자 노력하며 의를 바라는 것이다.[90] 이스라엘 사람들은 그들이 언약의 민족(the covenant people)이며, 아브라함의 자손이자 하나님의 선민으로 율법을 준수함으로써 의로움을 이룰 수 있다고 확신했다. 이들 중 가장 눈에 띄는 이들이 신약 속의 바리새인들이었다. 이러한 잘못된 신념은 그들로 하여금 율법주의를 자신들의 의로움을 이루는 수단으로 오용하게 만들었다. 그러한 자기 의는 하나님의 의에 대한 무지와 불순종을 의미한다. 따라서 율법주의는 하나님 앞에서 자기를 과시하는 결과까지 초래한다.

"바리새인은 서서 따로 기도하여 가로되 하나님이여 나는 다른 사람들 곧 토색, 불의, 간음을 하는 자들과 같지 아니하고 이 세리와도 같지 아니함을 감사하나이다 나는 이레에 두 번씩 금식하고 또 소득의 십일

---

90) "의의 법을 좇아간 이스라엘은 법에 이르지 못하였으니(로마서 9:31)"

조를 드리나이다 하고 세리는 멀리 서서 감히 눈을 들어 하늘을 우러러 보지도 못하고 다만 가슴을 치며 가로되 하나님이여 불쌍히 여기옵소서 나는 죄인이로소이다 하였느니라 내가 너희에게 이르노니 이 사람이 저보다 의롭다 하심을 받고 집에 내려갔느니라 무릇 자기를 높이는 자는 낮아지고 자기를 낮추는 자는 높아지리라 하시니라(누가복음 18:11-14)"

결과적으로 율법주의자들에게는 율법주의 자체가 믿음을 대체하게 된다. 그리고 이는 예수 그리스도를 향한 믿음을 통해 거저 받게 되는 구원과 정반대에 위치하게 된다. 율법주의는 궁극적으로 바리새인들로 하여금 그 걸림돌에 걸려 넘어지게 만들었으며, 자기들의 죄를 깨닫고 회개하며 유일한 중보자(the ultimate Mediator, Jesus)이신 예수님을 믿는 믿음을 허락하지 않았다.[91] 율법주의는 예수 그리스도에 의한 죄의 대속만이 하나님의 의(righteousness)를 얻을 수 있는 유일한 방법이라는 진리를 부정했다. 이뿐 아니라, 바리새인들은 하나님의 율법을 지킨다는 명목하에 하나님의 율법에 자신들의 법을 추가하는 죄를 지었다. 바리새인들의 법은 하나님의 율법 옆에 높이 쌓아올려졌고, 결국에는 하나님의 율법과 동등한 위치에서 이스라엘의 종교 행위와 전통이 됐다. 이에 대하여 예수님께서 바리새인들과 서기관들을 꾸짖으신다.

---

91) "의의 법을 좇아간 이스라엘은 법에 이르지 못하였으니 어찌 그러하뇨 이는 저희가 믿음에 의지하지 않고 행위에 의지함이라 부딪힐 돌에 부딪혔느니라(로마서 9:31-32)"

"대답하여 가라사대 너희는 어찌하여 너희 유전으로 하나님의 계명을 범하느뇨 하나님이 이르셨으되 네 부모를 공경하라 하시고 또 아비나 어미를 훼방하는 자는 반드시 죽으리라 하셨거늘 너희는 가로되 누구든지 아비에게나 어미에게 말하기를 내가 드려 유익하게 할 것이 하나님께 드림이 되었다고 하기만 하면 그 부모를 공경할 것이 없다 하여 너희 유전으로 하나님의 말씀을 폐하는도다 외식하는 자들아 이사야가 너희에게 대하여 잘 예언하였도다 일렀으되 이 백성이 입술로는 나를 존경하되 마음은 내게서 멀도다 사람의 계명으로 교훈을 삼아 가르치니 나를 헛되이 경배하는도다 하였느니라 하시고(마태복음 15:3-9)"

바리새인들은 율법의 집행자(enforcers of the law)가 되어 하나님의 율법이 지닌 진정한 의미를 감추었다. 그들은 하나님의 율법의 진정한 토대를 깨닫지 못한 것이다.

예수님의 공생애 시기의 이스라엘은 그리스가 낳은 헬라화의 영향을 받고 있었다. 바리새인들은 민족 정체성을 지키려는 목표 속에서 모세의 율법을 더욱 강조한 것도 사실이다. 그러한 그릇된 목적은 기계적인 율법 해석의 집착과 율법주의의 고립으로 이어졌다. 그리고, 그들이 쌓은 율법 해석은 이방인은 물론 동족까지도 배척하는 도구로 전락하게 된다.

✦ 율법 폐기주의(Antinomianism)

율법주의가 율법에 대한 잘못된 이해의 한쪽 극에 있다면, 율법 폐기주의는 율법주의와는 정반대인 다른 한 극에 있다. 이 율법 폐기주의는 현대 자유주의 교회들 속으로 맹렬히 침투, 확산되고 있다. 스프로울 박사는 율법 폐기주의를 다음과 같이 간략하게 정의한다.

> 율법 폐기론이란 문자 그대로 '반 율법주의(anti-lawism)'이다. 이것은 신자의 삶에서 하나님의 율법의 중요성을 무시하거나 경시하는 것이다. 즉, 율법 폐기론은 율법주의라는 이단과 반대되는 이단이다…(중략)…어떤 이들은 예수님께서 우리를 율법에서 해방시키셨기 때문에 더 이상 하나님이 주신 도덕적 율법에 얽매일 필요가 없다고 믿는다. 그들은 하나님의 은혜가 우리를 율법의 저주로부터 자유케 하였을 뿐 아니라, 율법에 순종해야 할 의무에서도 우리를 해방시켰다고 주장한다. 곧 은혜가 불순종을 허락하는 허가증이 된다는 것이다.[92]

이렇게 율법 폐기주의는 '과잉 은혜(hyper-grace)'를 촉진한다. 그리고 이 잘못된 가르침은 로마서 3장 31절에서 "우리가 믿음으로 말미암아 율법을 폐하느뇨 그럴 수 없느니라 도리어 율법을 굳게

---

92) 스프로울, 『기독교의 핵심 진리 102가지』, p. 275.

세우느니라"라는 바울의 가르침과 직접적으로 충돌한다. 물론 "내가 율법이나 선지자나 폐하러 온 줄로 생각지 말라 폐하러 온 것이 아니요 완전케 하려 함이로다(마태복음 5:17)"라는 예수님의 말씀도 부정하게 만든다. 율법 폐기주의를 주장하는 대부분의 사람들은 십계명의 목적조차도 의심한다. 그들은 하나님의 말씀을 매우 왜곡해서 전하고 있다. 그들의 문제는 하나님의 도덕법에 대한 오해와 부정적인 관점에서 초래된 것은 아닐까? 우리 역시 이러한 오류에 빠지지 않기 위해서 하나님의 율법 자체에 보다 집중해보고자 한다.

✦ 하나님의 율법(The Laws of God)과 목적(용도)

하나님의 율법은 일반적으로 아래에 적힌 세 가지 법, 즉 시민법, 의식법, 도덕법으로 구분된다. 그러나 성경은 이 법들을 단정하여 구분하지는 않는다. 고로 아래에 정리된 항목은 단지 구분을 위한 것이다.

> i. 시민법(Judicial and/or Civil Laws): 오늘날의 민사나 형사법의 형태로서, 하나님의 선민인 이스라엘 민족에게 주어졌던 시민법은 현 시대 기독교 신자에게는 적용되지 않는다.

ii. 의식법(Ceremonial Law): 하나님의 약속의 민족인 이스라엘이 구약의 교회로서 하나님께 가까이 나아가기 위한 희생 제도(animal sacrificial system), 적합한 예배 형식(propriety of worship), 그리고, 성막 예배(Tabernacle Worship) 이후에 성전 예배(Temple Worship)를 위해 만들어놓은 법이다.

iii. 도덕법(Moral Law): 모든 인간의 도덕적 의무와 책임에 대한 지침이자 명령이며, 하나님의 약속의 민족(현 시대의 기독교 신자)뿐만 아니라 불신자를 포함한 세상 모든 사람들에게 적용된다.

현대 기독교인들이 갖는 주된 오해는 도덕법에 있다. 우리가 도덕법을 다루기에 앞서 먼저 율법 전체의 목적을 이해할 필요가 있다. 일반적으로 보는 율법의 목적은 세 가지로 열거된다.[93]

i. 하나님의 속성, 즉 거룩하심(holiness), 의로우심 (righteousness), 신실하심 (faithfulness) 등을 나타낸다.
ii. 타락한 인간의 죄성을 나타내고 정죄하며 궁극적으로는 선택받은 죄인들을 예수님께로 향하게 한다.
iii. 구원받은 하나님의 사람들을 구원받은 사람답게 살도록 가르쳐 준다. 십계명은 총괄 지침으로서 모든 율법의 가르침을 내포하고 있다.

---

[93] 신학자들에 따라 율법의 목적을 다르게 구분하기도 한다. 따라서 필자가 나열한 율법의 목적이 절대적이라고 주장할 수는 없다.

요약하자면, 율법의 목적은 우리들의 완전한 타락(total depravity)과, 순종에 대한 무능력(inability to obey), 그리고 그리스도에 대한 우리의 절대적인 필요성을 보여주기 위함이다. 로마서 6장 23절은 "죄의 삯은 사망이요 하나님의 은사는 그리스도 예수 우리 주 안에 있는 영생"이라고 말한다. 죄의 삯은 사망이다. 이 말씀 역시 하나님의 법이다. 하나님께서 우리 죄인들을 단번에 모두 말살하실 수도 있으셨으나, 그 심판을 미루셨다. 그러므로 하나님의 모든 율법은 하나님의 자비, 즉 그분의 은혜 아래 있다. 그리고 율법은 죄인들의 회개를 위해서 주어졌다. 하나님께서는 우리를 정죄하기보다는 용서하시기 위해 율법을 주셨다. 주님의 모든 율법은 죽음이 아니라 생명을 위하여, 우리를 예수 안에서 구원과 영생의 길로 인도하기 위해 제정되었다. 모든 율법은 예수 그리스도 안에서 완성되어질 실상의 그림자이다.

✦ **도덕법**(The Moral Law)

도덕법을 설명하기 위해 먼저 신명기 6장 5절 말씀을 생각해보자.

"너는 마음을 다하고 성품을 다하고 힘을 다하여 네 하나님 여호와를 사랑하라"

마태복음 22장 37-39절에서 예수님은 십계명을 두 가지의 큰 계명들로 요약하신다. 그중 첫째 되는 계명은 바로 신명기 6장 5절의 반복이다. 하나님의 첫째 계명은 칭의의 필수 조건이 아니라, 주님을 향한 신자의 마음의 자세와 그 중심에 대한 영원한 적용이다. 십계명은 경건한 삶을 살아가는 성도들을 위한 하나님의 지침서이다. 이러한 십계명은 중생된 마음(regenerated heart)과, 회개(repentance)와, 그리스도에 대한 믿음(faith in Christ)과, 칭의(justification)의 과정을 거친 성도들이 살아가는 데 필요한 도덕법의 요약이다. 필자는 이 십계명을 '성화(Sanctification)를 위한 계명'이라 부르고 싶다. 이 개념에서 우리는 사도 바울이 "하나님 앞에서는 율법을 듣는 자(hearers of the law)가 의인이 아니요 오직 율법을 행하는 자라야 의롭다 하심을 얻으리니(the doers of the law shall be justified)"라고 로마 교회에 편지한 것도 같은 의미로 이해할 수 있다(로마서 2장 13절). 이 구절에서 바울은 율법을 듣는 자와 행하는 자를 명백하게 구분한다. 중요한 점은 사도 바울이 가리키는 '율법을 행하는 자'는 칭의의 방법을 가르치기 위함이 아니라는 것이다. 로마서 2장은 누가 의로움을 받은 사람인가를 설명하는 것이다. 그렇기에, 율법은 칭의의 방법이 아니라, 칭의된 사람에게 필요한 삶의 도구이다.

개혁장로교회의 헌법 역시 '도덕법은 성화의 표준(13.1)'으로 정의하며 십계명에 대해서도 이를 '지킬 의무가 없다는 가르침을 배척(19.3)'한다. 여기에서, 웨스트민스터 대요리 문답을 통해 도덕법을 보다 정확하게 이해해보자. 대요리 문답 93문답은 도덕법에 대해 다음과 같이 설명하고 있다.

> 도덕법은 인류에게 선포된 하나님의 뜻입니다. 이것은 모든 사람이 인격적으로, 완전히, 그리고 영구히 그 뜻을 따르고 순종하도록 지시하고 요구하되, 영혼과 몸을 가진 전인의 형태와 성향으로 하나님과 사람에게 마땅히 행해야 할 거룩함과 모든 의무들을 수행하도록 요구합니다. 이 도덕법은 그것을 지키면 생명을 약속하지만, 위반하면 죽음으로 위협합니다.

위의 마지막 구절인 "도덕법은 그것을 지키면 생명을 약속하지만, 위반하면 죽음으로 위협합니다"라는 부분은 "구원은 믿음만으로"라고 왜곡되게 외치는 현대 교회의 신자들뿐만 아니라 구약 율법 전체를 부정하는 이들에게 큰 도전이 될 것이다. 이어지는 대요리 문답 94문과 95문에서는 모든 사람들(택자와 불택자를 모두 포함)을 위한 도덕법의 핵심 용도를 다음과 같이 증언하고 있다.

> 도덕법은 모든 사람들에게 하나님의 거룩하신 속성과 그분의 뜻, 그리고 모든 사람들의 의무에 관하여 알려주므로 그들로 하여금 그 가르침을 따라 살아가게 하기 위해서 유용하다.

율법의 적용에 불신자도 포함하기 때문에, 도덕법이 결코 인간을 영생으로 이끄는 구원의 조건이 될 수는 없다. 따라서, "구원은 믿음만으로"의 원칙에 모순되지도 않는다. 도덕법이 모든 자(신자와 불신자)에게 적용되는 근거는 아래에 실은 바울의 진술에서 살펴볼 수 있다.

> "율법 없는 이방인이 본성으로 율법의 일을 행할 때는 이 사람은 율법이 없어도 자기가 자기에게 율법이 되나니 이런 이들은 그 양심이 증거가 되어 그 생각들이 서로 혹은 송사하며 혹은 변명하여 그 마음에 새긴 율법의 행위를 나타내느니라(로마서 2:14-15)"

위의 말씀에 나오는 '양심'은 하나님께서 본질적으로 모든 사람들의 마음속에 새겨놓으신 도덕법이라는 뜻 이외에 무슨 다른 의미가 있을까? 불신 이방인들은 하나님과 언약의 관계 밖에 있었기 때문에, 양심을 도덕법이 아닌 의식법으로 연결시키는 것은 불가능하다. 이방인들은 하나님으로부터 율법을 받은 적이 없었다. 따라서, 양심을 하나님께서 그들의 마음에 새겨놓은 도덕법으로 이해하는 것은 지극히 당연하다. 존 길 목사는 이 점에 대해 다음과 같이 설명한다.

> 비록, 이방인은 어떤 모양이나, 석판이나, 혹은 책에 기록된 율법은 없었으나, 그들의 대외적인 회화 속에서, 그들 중 많은 이들의 행위에 의해 나타나듯이, 그들의 마음에 그 율법의 사역과 본질과 요점을 갖고 있었

다. 도덕법은, 그 법의 순전하고 완전함 속에서, 아담이 처음 창조될 때 아담의 마음속에 새겨졌다(필자 직역).[94]

그렇다면, 약속의 민족(하나님의 백성)은 마음에 새겨진 양심 이외에 어떠한 도덕법을 받았는가? 하나님께서 모세를 통해서 주신 십계명이 바로 성도의 도덕법이다. 구약의 유형 교회(the visible Church)였던 이스라엘 민족에게 십계명이 주어졌다. 그들은 이미 신성 공동체 안에 속해 있었기 때문에 십계명 자체가 그들의 구원을 의도했다고 볼 수 없다. 그렇다면, 십계명이 어떻게 약속의 백성을 위한 도덕법이 될 수 있는지 십계명의 성질을 조금 더 살펴보자.

하나님은 "나는 너를 애굽 땅 종 되었던 집에서 인도하여 낸 너의 하나님 여호와로라" 하시며 십계명을 시작하신다. 여기에서 쓰인 단어, 주님(the Lord) 혹은 여호와(히브리어 'YHWH'의 영어식 철자법)는 모세에게 밝히신 하나님의 언약의 이름이다(출애굽기 3:14). 칼빈주의 신학자 리차드 갬블(Richard Gamble)박사는 하나님의 약속의 이름인 '여호와'의 신학적 중요성을 다음과 같이 설명한다.

하나님 이름들에 관한 성경의 기록은 인간의 타락과 연결되어 있다. 창조 기사에서, 하나님의 이름이 '엘로힘(God, 하나님)'으로 주어졌다(창세

---

94) Gill, *An Exposition of the Old and New Testaments*, 8:427.

기 2:7 이전). 아담과 하와가 소개될 때(이미 아담은 창조된 후), 하나님의 이름은 '여호와 하나님(혹은 주님, the Lord God)'으로 바뀐다(창세기 2:7부터). 하나님은 처음에는 '창조주 하나님'이고, 그 후에는 '언약을 세우시는(the covenant-making) 여호와 하나님'이시다. 마귀는 하나님과 언약 관계가 없으므로 하나님을 여호와 하나님(Yahweh Elohim)이라고 부를 수 없다; 고로 마귀는 그분을 단지 하나님(Elohim)이라고만 부른다(필자 직역).[95]

위에서 설명한 하나님의 이름인 '여호와(주님)'는 신학적으로 십계명이 그분의 백성, 즉 언약의 백성에게 주어졌음을 지적한다. 이미 언급한 바와 같이, 십계명은 두 종류의 관계적 의무로 분류할 수 있다. 처음 등장하는 네 개의 계명은 하나님과 사람의 관계(하나님께 대한 의무)를, 그리고 그 뒤에 이어지는 여섯 개의 계명은 사람과 사람과의 관계(사람에 대한 의무)를 선언한다. 예수님께서 마태복음 22장 37-39절에서 두 가지로 요약하신 계명을 구약에서도 살펴볼 수 있다.

> "예수께서 가라사대 네 마음을 다하고 목숨을 다하고 뜻을 다하여 주 너의 하나님을 사랑하라 하셨으니 이것이 크고 첫째 되는 계명이요 둘째는 그와 같으니 네 이웃을 네 몸과 같이 사랑하라 하셨으니(마태복음 22:37-39)"

---

95) Richard C. Gamble, *The Whole Counsel of God*(Phillipsburg, N.J: P&R Pub, 2009), p. 201.

"너는 마음을 다하고 성품을 다하고 힘을 다하여 네 하나님 여호와를 사랑하라(신명기 6:5)"

"원수를 갚지 말며 동포를 원망하지 말며 이웃 사랑하기를 네 몸과 같이 하라 나는 여호와니라(레위기 19:18)"

위에서 기록한 것과 같이 구약과 신약의 계명들이 일치함을 볼 수 있고, 그중 가장 으뜸이 되는 두 계명(십계명)은 사랑에 그 기초를 두고 있음이 명확하다. 따라서 모든 율법에서 말하는 가르침의 기초는 사랑, 즉 하나님의 절대적 사랑에 있다. 왜냐하면 모든 율법은 하나님께서 죄인들의 구속을 위해 세우신 원대한 계획 안에 포함되어 있기 때문이다. 여기서 상기할 수 있는 바는 예수님의 가장 큰 두 번째 계명의 기본 요지 역시 '사랑'이라는 점이다. 예수님은 우리가 서로 사랑할 것을 명령하셨으며, 사랑의 지침을 내포하는 십계명은 모든 신자들에게 영원해야 하며 지속적이어야 한다고 하셨다.[96] 십계명이 영원하다고 한다면 우리는 과거의 시점에서부터 십계명을 살펴보아야 할 것이다. 도덕법이 양심의 형태로 모든 사람에게 주어졌다고 이미 위에서 언급했다. 그러면 십계명은 두 개의 석판에 새겨지기 전까지 어떻게 주어졌을까? 이를 알아보기 위해 역사적으로 어느 시점까지 거슬러 올라가야 하는가?

---

96) "새 계명을 너희에게 주노니 서로 사랑하라 내가 너희를 사랑한 것같이 너희도 서로 사랑하라(요한복음 13:34)"

그 시작점은 당연히 인간의 창조 기사이다. 우리의 첫 조상이었던 아담과 하와는 그들이 사단과 대면했을 때 어떻게 반응하였는가? 아담과 하와가 선악의 지식을 분별하는 열매(선악과)를 먹기 전에 선과 악에 대한 지식을 갖고 있었겠는가? 우리의 선입견과 달리 그에 대한 대답은 간단하다. 이미 그들의 마음속에 양심이 새겨져 있었고, 또한 하나님으로부터 그 열매를 먹지 말라는 직접적인 명령을 받았기 때문에 그들은 무엇이 선이고 악인지 분명 알았을 것이다. 그들이 받은 것은 일종의 금지 명령이었으며, 이는 선악을 구별하는 도덕법이기도 했다. 하나님의 명령에 순종함이 선이고, 불순종함이 악임은 그들의 마음속에 이미 새겨져 있었다. 그 명령이 도덕법이 아닌 것을 논리적으로 어떻게 해석할 수 있겠는가? 필자가 말하고 싶은 요점은 그들이 하나님으로부터 직접적인 명령을 받으며 선한 것에 대한 지식, 즉 도덕법을 받았다는 것이다. 갬블 박사는 하와가 사단에게 대답한 것(창세기 3:3)을 다음과 같이 분석한다.

중요하게도, 하와는 선악과 열매를 따먹기도 전에 하나님의 약속의 이름인 여호와(Yahweh Elohim) 대신 단지 하나님(Elohim)이라 호칭하며 이미 사단의 편에 섰다(창세기 3:3). 다시 말하자면, 그녀가 실제로 죄를 범하기도 전에 하와는 하나님을 향한 충성심을 사단에게로 돌린 것이다…(중략)…죄는 선악과 열매 안에 있었던 것도 아니었고, 또한 단지 그 열매를 먹음으로 인해 죄가 이 세상에 들어온 것도 아니었다. 죄는 어떤 것을 먹는 것과 동일시되어서는 안 된다. 오히려, 죄란 언제나 도덕성의 문제이며 인간의 마음으로부터 나온다(필자 직역).[97]

또한 아담이 하나님께 드린 대답을 통해 하나님과 자신의 아내인 하와를 향한 그의 마음속에 있던 결핍을 알 수 있다. 그 결핍은 바로 사랑이다. 다음의 구절에서 말하는 바와 같이 아담은 하나님도, 심지어 그의 이웃(그의 아내)조차도 사랑하지 않았다.

"아담이 가로되 하나님이 주셔서 나와 함께하게 하신 여자 그가 그 나무 실과를 내게 주므로 내가 먹었나이다(창세기 3:12)"

아담은 그의 잘못을 인정하고 책임을 지기는커녕 그 책임을 하나님과 자신의 아내에게 전가하였다. 아담은 회개하기보다 그의 아내 탓을 하고, 더 나아가 "하나님께서 주신 여자가"라는 표현을 사용한 것에서 알 수 있듯 하나님을 탓한 것이다. 결과적으로 아담은 도덕법 전체를 깨트렸다. 우리 신자들이 중요시해야 할 점은 아담이 모든 인류를 대표한 우리의 시조이고, 미래의 모든 후손들(믿는 자들과 믿지 않는 자들)은 그로부터 나왔다는 사실이다. 따라서 도덕법은 필연적으로 언제나 모든 사람들에게 항상 적용된다. 갬블 교수는 다음과 같은 예리한 관찰로 도덕법과 예수님의 연결에

---

97) Gamble, *The Whole Counsel of God*, pp. 201-202.

대해 설명한다.

> 도덕법의 제정은 순전한 삼위일체의 활동이며 신약에서는 일반적으로 그리스도의 행위로 간주한다. 사도행전 7장 38절과 히브리서 12장 26절은 '십계명을 주실 때 시내산을 진동시키며 천국에서 울려 퍼진 목소리의 주인은 바로 성자 하나님(신약의 예수님)이셨다'는 것을 가르치고 있다…(중략)…십계명이 새겨졌던 두 석판은 속죄소(Mercy Seat) 아래의 언약궤(the Ark of Covenant) 안에 안치되었는데, 이 언약궤는 사실상 지상의 사역 속 예수님을 예표한다. 언약궤의 가운데(언약궤의 심장)에 십계명 석판이 있듯이, 그리스도의 깊숙한 마음 한가운데 하나님의 율법이 자리 잡고 있는 것을 볼 수 있다. 따라서 하나님의 도덕법은 그리스도의 인성과 그리스도의 사역에 밀접하게 연결되어 있다(필자 직역).[98]

따라서 도덕법(십계명)은 하나님의 언약 백성들이 이 세상에서 성화의 과정을 겪는 동안 거룩하게 살게 하는 지침서로서 신자들에게는 매우 중요한 율법이다. 십계명은 하나님의 백성을 위한 주님의 구원 사역의 역사 안에서 주님의 자비(은혜)와 사랑을 깨닫게 하고, 하나님과 믿음의 형제자매들을 어떻게 사랑하는가 보여주는 지침서가 된다. 만약 어느 신자가 자기는 십계명을 지킬 필요가 없다고 생각한다면, 그는 하나님께서 '서로 사랑하라'고 가르쳐주신

---

98) Gamble, *The Whole Counsel of God*, p. 397.

(실제로는 명령하신) 말씀을 거역하는 것이며, 따라서 거룩하게 살아가는 성화의 과정을 거부하는 결과를 초래한다. 십계명은 신자들의 진정한 마음(심령)의 중심을 드러낸다. 십계명을 지킴은 주 하나님의 자비와 사랑에 대한 신자들의 감사의 표현인 동시에 예배 행위의 한 모습이다(It is an act of worship). 그렇기에, 십계명을 거부한다는 의미는 결과적으로 하나님의 명령뿐 아니라 하나님 그분 자체를 거부하는 것이다. 즉 아담과 같은 죄를 하나님 앞에서 범하는 것이다. 하나님으로부터 주어진 진정한 믿음은 주님과 믿음의 형제자매들에 대한 사랑을 반드시 동반해야 한다. 따라서 진정한 믿음에는 도덕법, 즉 주님이 명령하신 "서로 사랑하라"라는 계명이 반드시 내포되어야 한다. 이 땅에서 우리의 성화는 십계명 없이 이뤄질 수 없다.

현대 기독교인들의 마음속에 깊게 자리 잡고 있는 율법(도덕법)에 대한 부정적인 견해는 반드시 바로잡아야 한다. 신자는 자신의 성화를 위해 율법에 대해 다시 배워야 할 필요가 있다. 신자는 믿음과 회개, 그리고 진정한 순종의 마음을 가지고 하나님의 율법을 배워야 한다. 칭의 이후의 성화를 추구한다면 신자의 삶 속에서 믿음과 율법은 분리될 수 없으며 반드시 연결되어야 한다.

9
그리스도인의 무고한 고난(Innocent Sufferings)

번영 신학이 현대 교회에 깊숙이 뿌리내린 상황 속에서 예수를 믿으면 만사형통한다는 설교들이 이곳저곳에 난무하고 있다. 그런데 이와는 반대로 성경의 여러 곳에서는 주님의 백성이 겪는 고난을 논한다. 실제적으로도 우리 주변의 많은 이들이 삶의 고난으로 괴로워한다. 현대 교회의 그릇된 신학은 그러한 고난에 어떻게 답변할 수 있겠는가? 본 장에서 필자는 하나님의 백성들이 겪었던, 겪고 있는, 또한 겪을 무고한 고난을 욥기를 통해 살펴보고자 한다.

필자가 욥기를 처음 읽었을 때는 이것의 핵심 주제를 전혀 파악하지 못했다. 그러다 두 번째 읽었을 때 이 책의 핵심이 하나님의 주권에 있다고 생각했다. 세 번째로 완독한 후에는 성도의 견인에, 네 번째로 완독했을 때는 인간이 겪는 고통에 대한 문제가 핵심 주제라고 생각했다. 그리고 다섯 번째로 읽은 후에는 신자의 성숙한 믿음을 위해 하나님께서 허락하시는 고난이 핵심 주제라고 생각했다. 이렇듯 욥기에 대해 필자가 가졌던 다양한 의견은 이 책의 전체적인 큰 그림을 보지 못한 이유이다. 나무 한 그루씩은 보았지만 숲 전체는 보지 못한 것이다.

그 사이에 욥기에 관한 여러 신학자들의 저술과 해석들을 살펴보았다. 하지만 대부분의 해석들도 위에서 열거한 내용들과 크게 다르지 않았고, 전체적인 윤곽을 이해하는 데는 큰 도움을 주지 못했다. 물론, 필자는 이러한 해석이나 저술들이 잘못되었다고 생각하지 않는다. 왜냐하면, 욥기는 그러한 해석이나 저술에서 설명하는 각각의 내용들을 모두 명확하게 포함하고 있기 때문이다. 그러나 이러한 이해만으로는 무언가 모자란 느낌에 아쉬움이 남았고, 계속적으로 많은 의문이 생겨났다. 필자가 이렇게 주장하는 이유는 기존의 해석들이 욥기의 부분적인 가르침만을 전달하면서 전체적인 개요를 전달하는 데는 그리 성공적이지 못하기 때문이다.

그렇게 아쉬움과 의문이 반복되던 끝에, 필자는 근래 들어 욥기의 전체적인 그림을 볼 수 있는 중요한 자료를 발견하게 되었다. 그것은 피츠버그에 위치한 북미개혁장로교회 신학교(Reformed Presbyterian Theological Seminary in Pittsburgh, PA)의 교수이자 목사인 윌리엄스 박사(Dr. C J Williams)가 쓴 『욥기 속에 담긴 그리스도의 그림자(The Shadow of Christ in the Book of Job)』와 틴데일 하우스(Tyndale House)의 소속 작가인 크리스토퍼 애쉬(Christopher Ash)가 쓴 『욥, 십자가의 지혜(Job The Wisdom of the Cross)』이다. 이 두 책은 욥기의 주제를 예수님과 관련된 모형론(typology)에서 찾고 이를 욥기의 전체 주제로 부상시켰다. 이 글에서는 두 필자 중 한 사람인 윌리엄스 박사의 책을 기본으로 욥기의 핵심 주제를 살펴보고자 한다.

✦ 모형론(Typology)

이 글의 흐름을 이해하기 위해서는, 우선은 모형론(혹은 모형학)에 대한 설명이 필요하다. 간략하게 설명하자면, 성경에서 말하는 모형론(typology)은 주로 구약에 나타난(인물, 사건, 제도 등의) 모형을 가지고 다가올 신약(New Testament)의 원형(antitype)에 대한 여부를 연구하는 학습 방식을 취한다.(그러나, 구약에 기록된 모형들 전부가 신약에만 국한되는 건 아니다).[99] 다음은 윌리엄스가 모형론에 대해 설명한 부분을 인용한 것이다.(필자 직역)

> 본질적으로, 모형론은 하나님께서 역사를 사용하셔서 그의 약속을 실현하는 방법이다. 그리스도의 사역에서 충족된 하나님의 구속의 계획은, 역사를 통해 예언의 말로 행해질 뿐만 아니라, 어떤 특정 인물들과 사건들이 은혜의 언약(the Covenant of Grace) 안에서, 하나님의 언약과 준비를 예시하고 실현시켰던 것과 같이 하나님의 백성의 인생과 경험 속에서도 확보되었다. 더 구체적으로, 예수 그리스도의 인격과 사역은 하나님에 의해 예언적 의미를 부여받은 사람들과 사건들을 통해, 장차 오실 메시아에 대한 일견(glimpse)을 주어, 하나님의 백성들에게 메시아의 오심을 재확인시키며 성육신으로 이끌어진 역사에 분명하게 새겨진다.

---

99) 모형론(typology)은 'type(typos)'과 'ology'가 합쳐진 단어이다. 'typos'는 보통 '형태 혹은 모형(form)', '상징(image)', '유형(pattern)', '예(example)' 등으로 번역된다. 'ology'는 다른 단어의 접미사로 붙어 어떤 분야에 대한 연구나 학습을 가리킨다.

윌리엄스는 이어서 설명한다.

모형론은 앞으로 일어날 보다 큰 현실을 예시하기 위해 인물들, 사건들, 혹은 기관, 관습 등의 제도를 사용하는 성경의 한 방법이다. 모형(type)은 예시(foreshadow)이며, 원형(antitype)은 현실(reality)이다…(중략)…어떤 성경 구절에서는, 모형(typos)이 신약의 현실들을 예시하기 위해 계획된, 구약 역사의 요소들을 가리키는 매우 정확한 어휘로 사용되고 있다.[100]

✦ 모형론의 예(Examples of Typology)

일반 성도들이 이 논제를 조금 더 쉽게 이해할 수 있도록 성경에 기록된 모형론의 예를 살펴보기로 한다. 첫 번째 예를 위해 윌리엄스의 책으로 돌아가본다.

바울은 아담을 '앞으로 오실 자의 표상'이라 언급하면서, 아담이 그의 대표성을 가지고 어떻게 그리스도를 예표했는지 설명한다(로마서 5:14-21).[101]

---

100) C. J. Williams, *The Shadow of Christ in the Book of Job*(Eugene, Oregon: Wipf & Stock, 2017), p. 1.
101) Williams, *The Shadow of Christ in the Book of Job*, p. 2.

윌리엄스가 언급한 로마서 5장은 아담이 앞으로 오실 그리스도의 표상(모형)이라는 사실을 증거하는데, 로마서 5장 14-15절만으로도 모형론의 사례를 들기에 충분하다.

"그러나 아담으로부터 모세까지, 아담의 범죄와 같은 죄를 짓지 아니한 자들 위에도 사망이 왕 노릇하였나니 아담은 오실 자의 표상이라 그러나 이 은사는 그 범죄와 같지 아니하니 곧 한 사람의 범죄로 인하여 많은 사람이 죽었은즉 더욱 하나님의 은혜와 또는 한 사람 예수 그리스도의 은혜로 말미암은 선물이 많은 사람에게 넘쳤으리라"

두 번째 예는 구약의 의식법이다. 이 의식법은 앞으로 오실 예수님의 은혜, 핍박, 희생 등을 암시(foreshadow)했다. 예수님께서 행하신 의식법의 충족은 민수기 28장 3-4절에서 찾아볼 수 있다.

"또 그들에게 이르라 너희가 여호와께 드릴 화제는 이러하니 일 년 되고 흠 없는 숫양을 매일 둘씩 상번제로 드리되 한 어린양은 아침에 드리고 한 어린양은 해질 때에 드릴 것이요"

매일 두 번 드리는 어린양은 상징성을 가지고 지속적으로 드리는 제물을 대표함으로, 구약 시대의 전체 제사 제도의 축소판(microcosm of the Old Testament Sacrificial System)으로 간주한다. 이 구절들에서 쓰인 '숫양' 혹은 '어린양(lamb)'은 히브리어로 '케베

스', 헬라어로는 '암노스'이다. 특히, 이 헬라어 단어 '암노스'는 신약에서 재차 사용된다.

"이튿날 요한이 예수께서 자기에게 나아오심을 보고 가로되, 보라! 세상 죄를 지고 가는 하나님의 어린양이로다(요한복음 1:29)"

필자는 사도 요한이 '암노스'라는 단어를 의도적으로 사용했다고 생각한다. 이 단어가 완전하고 궁극적인 예수님의 희생에 의해 대체될 구약 제사 제도의 종료를 상징하고 있기 때문이다. 영국의 신학자 매튜 헨리(Matthew Henry)는 이 구절을 다음과 같이 설명한다.

예수 그리스도가 하나님의 어린양(암노스)이라는 사실은 예수님이 위대한 희생 제물인 것과, 그로 말미암아 죄인들의 속죄와 사람과 하나님 사이에 화해가 이루어짐을 가리킨다. 그 모든 율법의 제사들 중에서 어린양은 '온유함'을 상징하며, 예수 그리스도께서 이러한 어린양으로서 반드시 희생되어야만(이사야 53:7) 하기에 요한은 '어린양'이라는 단어를 택했다. 매일 아침과 밤에 드려졌던 제물은 언제나 어린양이었으며(출애굽기 29:38), 이 어린양은 바로 영원한 화해를 의미하며 그분의 피가 끊임없이 증거하고 있는 예수님의 예표이다(필자 직역).[102]

---

102) Matthew Henry, *Matthew Henry's Commentary on the Whole Bible: wherein each chapter is summed up in its contents, each paragraph reduced to its proper heads, the sense given, and largely illustrated with practical remarks and observations: Genesis to Revelation*(Peabody, Mass: Hendrickson Publishers, 1991), p. 1920.

세 번째 예는 모세로부터 찾을 수 있다. 모세는 다음에서 보는 것과 같이 중보자였다.

"그러나 합의하시면 이제 그들의 죄를 사하시옵소서 그렇지 않사오면 원컨대 주의 기록하신 책에서 내 이름을 지워 버려주옵소서(출애굽기 32:32)"

모세는 지옥행까지도 감수하면서 회중들을 위해 중보했다. 모세가 보인 중보의 모습은 완전한 중보자이신 그리스도를 예시하였다. 그는 충실한 일꾼의 성품을 지니고 있어 "모세 같은 선지자(신명기 18장)"라는 본보기로 불렸다. 모세는 대중을 대신해 그들의 짐을 감당하였다. 그는 온순했고 온갖 고통을 짊어졌으며, 중보자로서 하나님과 이스라엘 사람들 사이에서(사람들의 끊임없는 불평과 하나님의 진노하심 사이에서) 홀로 그 고통들을 감수했다. 모세는 우리들의 죄를 대신 짊어지고 돌아가신 메시아를 예표하였다.

✦ 일반적인 종교관

대부분의 사람들이 갖고 있는 도덕관은 흔히 권선징악에 근거한다. 많은 종교들의 근본적인 원리 역시 그들이 규정하는 선을 행하면 복을 받고, 반대로 악을 행하면 벌(혹은 저주)을 받는다는 관념에 근거하는 게 일반적이다(물론 예외도 있다). 기독교 역시 이와 흡사한 면이 있다. 하나님의 말씀에 순종하면(선을 행하면) 복을 받고(신명기 28:1-13), 하나님의 말씀에 불순종하면(악을 행하면) 저주를 받을 것이다(신명기 28:15-68). 그렇기에 다른 교인들이 불행을 당할 때면 그들의 믿음이 연약하거나 하나님 혹은 다른 사람들에게 무슨 죄를 지었기 때문이라고 추측하는 이들도 있다. 사도 바울을 향한 멀리데(Malta) 사람들의 반응도 이러한 경향을 말해준다.

> "바울이 한 묶음 나무를 거두어 불에 넣으니 뜨거움으로 인하여 독사가 나와 그 손을 물고 있는지라 토인들이 이 짐승이 그 손에 달림을 보고 서로 말하되 진실로 이 사람은 살인한 자로다 바다에서는 구원을 얻었으나 공의가 살지 못하게 하심이로다 하더니(사도행전 28:3-4)"

욥의 세 친구들도 이러한 일반적인 종교관(종교제도)을 기반으로 스스로를 위로자에서 정죄자로 바꾸어버렸다. 그들은 욥의 고난을 그가 지은 감춰진 죄 때문이라고 굳게 믿고 있었다.

✦ 번영 복음(Prosperity Gospel)과 치유 복음(Therapeutic or Healing Gospel)[103]

적지 않은 현대의 기독교인들이 갖고 있는 기본적인 신앙 자세는 무의식 속에 번영 복음이나 치유 복음에 치우친다. "교회에 열심히 다녔더니 사업도 잘되고, 애들은 좋은 학교 가고, 취직도 잘 됐고, 질병도 치유됐다"라는 간증을 우리 주변에서 심심치 않게 듣게 된다. 이러한 타성적인 종교관은 번영 복음/신학(prosperity gospel/theology) 혹은 기복 신앙이 현대 교회에 깊숙이 자리 잡게 하는 데 적지 않은 역할을 해왔다. 그 책임은 목사를 비롯한 지도자들과 교인들 모두에게 있다고 필자는 생각한다. 교인들은 교회에 열심히 다니는 것에서 오는 육적인 복을 영적인 복보다 더 기대하고 있고, 지도자(목사와 장로들)들은 이들의 종교적 열심(봉사, 사역, 헌금 등)이 그러한 삶의 번영을 가져온다며 교인들의 기복 신앙을 부추겨왔다.[104] 이들의 기복 신앙은 여러 가지 형태로 전달된다. 일례로 예수님에 대한 설교보다는 개개인의 긍정적인 생각 혹은 태도(positive thinking or attitude)가 번영을 불러온다고 전도하는 부류가 오늘날 유행하고 있다. 이는 신본주의보다는 인본주의를 장

---

103) 이 글에서는 번영 복음과 기복 신앙, 그리고 치유 복음과 치유 신앙을 같은 의미로 사용한다.
104) 미국에 있는 많은 TV 복음전도자(televangelists)들이 기복 신앙을 전도하고 있다. 온라인에서 'Dr. Who? Televangelists With Fake Educations and Degrees'를 검색해보기 바란다.

려하는 모습이다.

아울러 위에서 언급한 바와 같이 교회에 열심히 다녔더니 질병이 치유되고 목사가 안수한 후에 암이 제거됐거나 오랜 기간 동안 거동이 불편했던 병자가 일어났다는 얘기를 생활 주변이나 미디어를 통해 접하곤 한다. 이러한 치유 신앙도 현대 교회에서 유행하는 한 부류이다. 치유 신앙에서 파생된 현상으로서 특정 질병을 치유하기보다는 예배에 참석함으로써 기분이 더 맑아지고 깨끗해지는 느낌을 받는다는 사람들도 있다.

✦ 성경과 현실이 증거하는 신자의 삶

우리가 직접적, 혹은 간접적으로 목격하는 신자들의 삶, 그리고 성경의 예시들은 위에서 언급한 일반적인 종교관과 기복 신앙, 그리고 치유 신앙의 개념과는 매우 다른 가르침을 준다. 아프리카에서 활동하던 여자 선교사가 그 지역 사람들에게 성폭행을 당한 이야기, 어떤 성도가 새벽 예배 후 교통사고로 사망한 이야기, 젊은 교인이 아내만 남겨두고 위암으로 임종한 이야기, 중동 지역의 테러리스트들에게 살해된 기독교인들의 순교 등은 우리에게 익숙한 타성적인 종교관이나 기복·치유 신앙과는 너무 거리가 멀다. 1956년 1월 에콰도르(Ecuador)의 쿠라래이(Curaray) 강변에서 우아오라니(Huaorani) 부족들에게 순교당한 짐 엘리어트(Jim Eliot)와 네 명의 동료 선교사들의 이야기도 있다. 오래된 지병으로 고통과 절망 속에서 죽어간 영국의 유명 시인이자 찬송 작사·작곡가였던 윌리엄 카우퍼(William Cowper), 유럽을 향해 대서양을 횡단 중이던 한 선박의 침몰로 한순간에 네 딸을 잃어버린 호래이쇼 스패포드(Horatio Spafford)도 떠올릴 수 있다.[105] 이러한 사례들은 기복·치유 신앙이나 일반적인 종교관을 심각하게 꾸짖고 있다.

성경의 역사적 사실들도 기복·치유 신앙의 독단을 부정한다. 가롯 유다를 제외한 예수님의 11명 제자 중 10명은 고난 끝에 순교했다(오직 요한만이 자연사한 것으로 알려진다). 스데반 집사의 순교(사도행전 7:60) 역시 성도의 고난을 보여준다. 성경은 성도의 번영뿐 아니라 성도의 고난을 알려준다.

> "또 어떤 이들은 희롱과 채찍질뿐 아니라 결박과 옥에 갇히는 시험도 받았으며 돌로 치는 것과 톱으로 켜는 것과 시험과 칼에 죽는 것을 당하고 양과 염소의 가죽을 입고 유리하여 궁핍과 환난과 학대를 받았으니 (이런 사람은 세상이 감당치 못하도다) 저희가 광야와 산중과 암혈과 토굴에 유리하였느니라 이 사람들이 다 믿음으로 말미암아 증거를 받았으나 약속을 받지 못하였으니(히브리서 11:36-39)"

---

105) 찬송가 'It is Well with My Soul(내 영혼 평안해)'을 작사했다.

✦ 욥의 무고한 고난의 시작

욥의 시련은 하나님의 성전에서 개최된 천사들의 집회에서 이미 시작되었다. 아래의 말씀을 살펴보면, 이미 하나님께서는 욥의 시련을 계획하고 계셨음을 알 수 있다.

> 하루는 하나님의 아들들이 와서 여호와 앞에 섰고 사단도 그들 가운데 왔는지라 여호와께서 사단에게 이르시되 네가 어디서 왔느냐 사단이 여호와께 대답하여 가로되 땅에 두루 돌아 여기저기 다녀왔나이다(욥기 1:6-7)

욥기 1장 6절을 통해 우리는 하나님의 주권을 엿볼 수 있다. 천상에서 천사들이 하나님 전에 모일 때에 사탄 역시 그곳에서 지상에서 있었던 그의 활동을 하나님께 보고했다. 하나님만이 진정한 주권자이시기에 사탄도 하나님의 허락하에만 활동들을 전개할 수 있다. 즉, 타락한 천사들조차도 하나님의 주권하에 있음을 의미한다.

전지전능하신 하나님께서 사탄이 무엇을 하고 다니는지 몰라서 물으신 것이 아니다. 이미 사탄의 활동에 대한 보고를 주권자로서 들으셨다. 사탄이 하는 일은 이 지상을 돌아다니며 사람들을(특히, 믿음의 사람들을) 유혹하고, 함정에 빠지게 하고, 또한 정죄하는 것이다. 불신자의 경우, 이들은 이미 하나님을 대적하기에 사탄은 그들을 공격하기보다는 오히려 그들이 가진 하나님에 대한 적개심을 더욱 장려하고 있음이 자명하다. 위의 성경 구절들은 우리에게 영적 전쟁이 언제나(과거, 현재, 미래) 이 땅에서 지속되고 있음을 상기시켜준다. 이것이 바로 사도 바울이 에베소서 6장 11절에서 "마귀의 궤계를 능히 대적하기 위하여 하나님의 전신갑주를 입으라"라고 권고한 이유이기도 하다.[106] 이어지는 욥기 1장 8절 이하와 2장 2-10절은 신자들에게 매우 중요한 메시지를 전달한다.

"여호와께서 사단에게 이르시되 네가 내 종 욥을 유의하여 보았느냐 그와 같이 순전하고 정직하여 하나님을 경외하며 악에서 떠난 자가 세상에 없느니라 사단이 여호와께 대답하여 가로되 욥이 어찌 까닭 없이 하나님을 경외하리이까 주께서 그와 그 집과 그 모든 소유물을 산울로 두르심이 아니니이까 주께서 그 손으로 하는 바를 복되게 하사 그 소유물로 땅에 널리게 하셨음이니이다 이제 주의 손을 펴서 그의 모든 소유물을 치소서 그리하시면 정녕 대면하여 주를 욕하리이다 여호와께서 사단에게 이르시되 내가 그의 소유물을 다 네 손에 붙이노라 오직 그의 몸에는 네 손을 대지 말지니라 사단이 곧 여호와 앞에서 물러가니라 이 모든 일에 욥이 범죄하지 아니하고 하나님을 향하여 어리석게 원망하지 아니하니라…(중략)…여호와께서 사단에게 이르시되 네가 어디서 왔느냐 사단이 여호와께 대답하여 가로되 땅에 두루 돌아 여기저기 다녀왔나이다 여호와께서 사단에게 이르시되 네가 내 종 욥을 유의하여 보았

---

106) Williams, *The Shadow of Christ in the Book of Job*, p. 32.

느냐 그와 같이 순전하고 정직하여 하나님을 경외하며 악에서 떠난 자가 세상에 없느니라 네가 나를 격동하여 까닭없이 그를 치게 하였어도 그가 오히려 자기의 순전을 굳게 지켰느니라 사단이 여호와께 대답하여 가로되 가죽으로 가죽을 바꾸오니 사람이 그 모든 소유물로 자기의 생명을 바꿀지라 이제 주의 손을 펴서 그의 뼈와 살을 치소서 그리하시면 정녕 대면하여 주를 욕하리이다 여호와께서 사단에게 이르시되 내가 그를 네 손에 붙이노라 오직 그의 생명은 해하지 말지니라 사단이 이에 여호와 앞에서 물러가서 욥을 쳐서 그 발바닥에서 정수리까지 악창이 나게 한지라 그가 이르되 그대의 말이 어리석은 여자 중 하나의 말 같도다 우리가 하나님께 복을 받았은즉 재앙도 받지 아니하겠느뇨 하고 이 모든 일에 욥이 입술로 범죄치 아니하니라"

첫째, 욥의 시련은 그가 감추고 있던 어떤 숨은 죄 때문이 아니라 오히려 그의 순전함과(upright) 무흠함(blameless), 그리고 하나님을 향한 경외에서 시작되었다(1장 8절). 한마디로, 그의 믿음이 타인의 추종을 불허했기에 시련이 시작되었다. 따라서 일반적인 종교관과는 달리 성경은 무고한(또는 결백한) 고난(innocent suffering)이란 개념을 소개한다. 여기에서 결백은 결코 원죄를 포함한 어떤 죄도 없다는 것이 아니다. 그 뜻은 그가 겪게 될 고난을 받을 만큼 마땅한 죄를 짓지 않았다는 것이다. 결백한 고난은 또한 무고하게 고난받는 종(Suffering Servant)이란 의미를 떠올리게 한다.

둘째, 사탄은 욥의 믿음이 하나님께서 그에게 주신 육적인 복(그의 재산) 때문이라고 주장한다. 즉, 사탄은 욥의 믿음이 기복 신앙에 근거하고 있다면서 그의 순수한 믿음을 부정한다(1장 10-11절). 그러나 욥은 순수한 믿음으로 기복 신앙을 부정했다(욥 1:22). 성경은 의로운 자(신자)보다 악인(불신자)이 오히려 육적으로 번성하는 사례를 알려준다. 시편 기자는 "이들은 악인이라 항상 평안하고 재물은 더 하도다"라고 기록한다. 욥 역시 그러한 의미의 말을 전한다(욥 12:6). 기복 신앙의 이유로 욥이 가진 믿음의 순수성을 부정하는 사탄은 육적 번영(기복 신앙)의 유혹으로 신자를 넘어뜨리려고도 한다. 신자들의 갑작스런, 혹은 편법에 의한 육적인 번영은 하나님께서 허락하신 사탄을 통해 주어진 시험일 수도 있다. 따라서 신자들은 다음 말씀과 같은 기도를 끊임없이 하며 육적인 번영에 대해 보다 민감해져야 한다.

> "내가 두 가지 일을 주께 구하였사오니 내가 죽기 전에 주시옵소서 곧 허탄과 거짓말을 내게서 멀리하옵시며 나로 가난하게도 마옵시고 부하게도 마옵시고 오직 필요한 양식으로 내게 먹이시옵소서 혹 내가 배불러서 하나님을 모른다 여호와가 누구냐 할까 하오며 혹 내가 가난하여 도적질하고 내 하나님의 이름을 욕되게 할까 두려워함이니이다(잠언 30:7-9)"

또한, 하박국의 기도는 신자들이 가져야 할 기도의 기본 자세를 가르친다.

> "비록 무화과나무가 무성치 못하며 포도나무에 열매가 없으며 감람나무에 소출이 없으며 밭에 식물이 없으며 우리에 양이 없으며 외양간에 소가 없을지라도 나는 여호와를 인하여 즐거워하며 나의 구원의 하나님을 인하여 기뻐하리로다(하박국 3:18)"

셋째, 모든 사람이 재산보다 더 귀중히 여기는 것은 육신의 안전이기에 욥도 육신의 고통 앞에서는 하나님을 저주할 것이라고 사탄은 주장한다. 그리고 사탄은 하나님께 욥의 육신을 칠 것을 요구한다(욥 2:5).[107] 다시 말해, 사탄은 욥의 믿음이 치유 신앙에 근거하고 있다고 주장하는 것이다. 그러나 욥은 순수한 믿음으로 치유 신앙도 부정했다(욥 2:12). 주목해봐야 할 점은 육신의 고통도 하나님께서 신자에게 허락하시는 시련의 일부가 될 수 있다는 점을 2장 6절이 드러낸다는 사실이다(치유 신앙에 대한 심각한 도전이다). 물론 성경은 신자들의 육적인 치유와 육적인 번영의 사례를 포함한다. 그러나 그 사례들이 신앙의 첫 번째 기준이나 목적이 될 수는 없다. 예수님은 "너희는 먼저 그의 나라와 그의 의를 먼저 구하라 그리하면 이 모든 것을 너희에게 더하시리라"라고 말씀하셨다(마태복음 6:33). 복음의 목적은 예수님에 대한 믿음 안에 있는 택자(하나님께서 택하신 자)들의 영적 구원이다. 육신과 관련된 모든 것은 잠정적이며 영원한 목표가 될 수 없다는 것이 논리적으로 자명하다.

---

107) 명령형 동사가 사용됐다.

넷째, 여호와 하나님께서 일말의 주저함 없이 사탄의 도전을 받아들이고 욥을 사탄에게 넘기신다. 욥의 순수한 믿음이 거짓으로 드러나 하나님의 명예가 실추될 수 있는 위험을 감수하신다. 여기에서 우리는 진정한 믿음이 하나님의 선물이며(엡 2:8), 선한 일을 시작하시는 이가 반드시 그 일을 그리스도 안에서 끝마치신다는 말씀(빌 1:6)의 의미를 깨닫게 된다. 즉, 하나님께서 선물로 주신 진정한 믿음을 가진 신자는 성령님의 도움 안에서 절대로 하나님을 배반하지 않고 끝까지 견인한다는 의미이다. 따라서, 욥의 믿음도 하나님께서 주신 선물이며 성령님의 도움으로 말미암아 욥의 견인도 이미 보장된 결론이다. 즉, 하나님이 택하신 백성은 때때로 유혹을 받고 흔들릴 수는 있어도 결코 그 믿음의 뿌리가 뽑혀질 수 없다는 것이 하나님의 약속이다.

✦ 욥의 모형론이 보여주는 무고한 고난

모형론, 바로 예수님을 예시하는 모형론의 연결 없이 무고한 고난이라는 개념을 이해하기는 어렵다. 구약의 수많은 선지자들이 앞으로 오실 예수님과 그 분의 사역을 구두로써 예언했다면, 욥은 그의 실제적인 경험(고난과 회복)을 통해서 예수님과 그분의 사역을 예언했다.

욥기는 이 책의 전개에서부터 우리들이 가지고 있는 타성적인 시각을 배척하고 일반적인 종교관을 부정한다. 하나님은 욥을 보호하기는커녕, 오히려 사탄에게 욥을 고려해보라 도전하신다. 이에 대해, 윌리엄스는 다음과 같이 말한다(필자 직역).

> 구속의 역사(redemptive history) 속에서 계속된 하나님과 사탄 간의 충돌이 한 인간이 겪는 시험과 유혹으로 표현됐던 경우는 두 번 있었다. 첫번째로는, 순수함 속에 있던 아담이 에덴동산에서 사탄에게 유혹을 받고 죄에 빠졌던 경우다. 두 번째로는 예수님이 '마지막 아담'으로서 사탄에게 유혹을 받으셨을 때 그의 의를 꽉 붙잡으셨던 경우이다(마태복음 4:1-11). 아담의 실패와 그리스도의 승리 사이에 욥이 있다. 욥도 역시 순전하고 나무랄 데가 없으며, 하나님과 사탄의 충돌에서 매우 중대한 의미를 가질, 단 하나의 시험을 맞이하게 된다. 욥은 하나님이 처음 준비하신 아담이 실패했지만, 이후 그리스도는 성공했던, 바로 그러한 종류의 시련을 겪는다. 그래서 욥을 전자(아담)의 반영과 후자(그리스도)의 예표로 보지 않을 수 없다.[108]

원형이신 예수님을 예표하는 모형인 욥을 살펴보자.

---

108) Williams, *The Shadow of Christ in the Book of Job*, pp. 33-34.

① 메시아 곡선(The Messianic Trajectory)

윌리엄스는 '메시아 곡선'이라는 어휘를 다음과 같이 설명한다.

> 메시아 곡선은 확립된 위치(원래 자리)에서 부당한 굴욕의 밑바닥으로 떨어졌다가 하나님에 의해 처음보다 더 높은 명예의 위치로 높여지는 예언적인 체험을 뜻한다. 이 곡선의 체험이 그리스도의 인생의 요약이다. 그리고 이 곡선은 누가복음 24장 25-27절[109]에 적힌 반복된 구약의 예언으로서, 그리스도에 의해 정체성을 드러냈다. 예수님에 대한 핵심은 아직도 우리들을 위해 보존되고 있다. 그중 첫 번째는, 모세와 선지자들 그리고 성경 전체가 예수 그리스도에 대한 것이라는 점이다. 이것이 우리가 구약을 읽을 때 반드시 가질 기대이며 전제 조건이다. 이와 다르게 구약을 읽는 것은 잘못된 것이다. 두 번째는 구약이 그리스도의 고난 후에 영광으로 들어가는 단계에 특별한 강조를 두고 있는 것이다; 그것이 그의 굴욕이자 높이 들리심(his humiliation and his exaltation)이다.[110]

예수님께서 천상의 보좌를 떠나 인간의 모습으로 오신 사실이 굴욕 그 자체이다. 그분은 모든 핍박과 고난 속에서 죽음의 구렁텅이로 떨어지는 굴욕을 경험하셨다. 그러나 하나님 아버지에 의해

---

109) "가라사대 미련하고 선지자들의 말한 모든 것을 마음에 더디 믿는 자들이여 그리스도가 이런 고난을 받고 자기의 영광에 들어가야 할 것이 아니냐 하시고 이에 모세와 및 모든 선지자의 글로 시작하여 모든 성경에 쓴 바 자기에 관한 것을 자세히 설명하시니라"
110) Williams, *The Shadow of Christ in the Book of Job*, p. 17.

부활하시며 왕 중의 왕으로서 높이심을 받으시고, 모든 것은 그분의 발아래에 놓이게 되었다. 예수님이 겪으신 이러한 일련의 과정을 메시아 곡선이라 칭한다. 인류 역사상 예수님의 고난과 다시 들리심을 가장 유사하게 경험한 사람이 바로 욥이다. 그는 인간으로서 가장 높은 위치에 있다가 참담하게 밑바닥으로 추락했다. 그러나 하나님께서는 그를 처음보다 더 높은 곳으로 올리셨다. 이러한 욥의 경험에서 메시아 곡선은 너무도 선명하게 보인다. 아래의 메시아 곡선 그림이 독자들의 이해를 돕기 바란다.

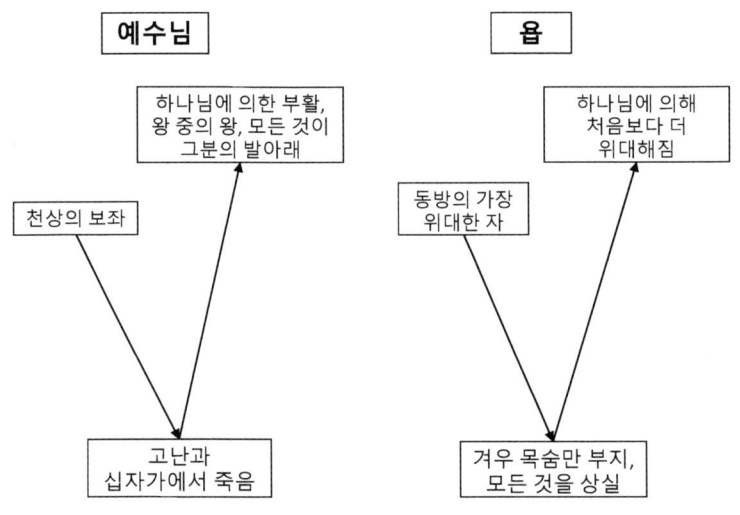

메시아 곡선(Messianic Trajectory)

② 무고(결백)한 고난(Innocent Suffering)

욥의 시련의 시작에서 이미 '무고한 고난'이란 개념을 소개했다. 예수님께서는 죄가 전혀 없으시지만, 그분은 하나님의 백성들의 죄를 구속하시기 위해 무고한 고난을 받으셨다. 즉, 예수님은 그분이 택하신 백성들을 위한 속죄 제물(sin offering)이 되신 것이다(속죄 제물을 포함한 모든 제물은 어떠한 흠도 있을 수 없다).

> "여호와께서 그로 상함을 받게 하시기를 원하사 질고를 당케 하셨은 즉 그 영혼을 속건제물로 드리기에 이르면 그가 그 씨를 보게 되며 그날은 길 것이요 또 그의 손으로 여호와의 뜻을 성취하리로다(이사야 53:10)"

예수님은 남녀 사이의 자연적인 관계를 통해 출생하지 않으셨다. 성령님을 통해 잉태하신 예수님만이 전 인류 가운데 유일하게 죄 없이 태어나셨다. 그렇기에 예수님만이 하나님이 계획하신 구속 사역의 핵심 요소인 속죄 제물로서의 모든 요건을 갖추셨다. 그리고 성부, 성자, 성령 하나님의 계획 속에서 이 '무고한 고난'이 계획되었고 실현되었고 효율화되었다.

욥도 무고한 상태로 고난을 받은 예가 된다. 하나님의 말씀처럼 욥과 같이 순전하고 정직하여 하나님을 경외하며 악에서 떠난 자가 세상에 없었다. 따라서 예수님을 가장 근사하게 예표할 수 있었던 사람이 바로 욥이다. 악행에 의한 죄 때문이 아니라, 오히려 순전한 믿음 때문에 하나님으로부터 사탄의 손아귀에 던져진 욥을 통해 사탄의 종들(유다의 지도자)에게 넘겨진 예수님을 연상할 수 있다. 욥은 그의 처절하고 실제적인 고난의 과정으로 앞으로 오실 예수 그리스도에 대해 예언을 했다. 그러므로 욥기를 하나님의 구속 사역에 계획된 무고한 고난으로 접근함이 논리적이고 성경적이라 할 수 있다.

여기서 주목할 점이 한 가지 더 있다. 욥은 족장 시대의 인물이라는 사실이다. 그리고 그는 선민이라 여겨진 이스라엘 사람에 속하지도 않았다. 그렇다면, 족장 시대에는 선민인 이스라엘(야곱)과 야곱의 조상(아브라함과 이삭) 중 무고한 고난을 겪은 사람이 없었을까? 이 질문에 대한 답은 아브라함과 이삭에게서 찾을 수 있다(창세기 22:1, 2, 9, 10). 아들을 제사로 드리려고 한 아브라함과 그로 인해 죽임을 당할 뻔했던 이삭이다. 그들이 겪은 고통은 어떤 특정한 죄 때문이 아니었다. 아브라함과 이삭의 고통, 그리고 욥의 시련에서 드러나는 무고한 고난들은(하나는 선민인 아브라함과 이삭에 의해, 다른 하나는 이방인인 욥에 의해 보여진) 하나님께서 계획하신 원대한 구속 사역의 예표를 우리에게 가리키고 있다.

③ 고난받는 종(Suffering Servant)

이 논제에 대해 윌리엄스는 다음과 같이 매우 뛰어난 관찰을 제시한다.

　　욥의 이야기가 제시하는 것은 죄 없는 고난, 혹은 그 고난 뒤에 개인적인 죄의 근본 원인이 없는 형벌이다. 물론, 이것이 바로 욥의 친구들이 그들의 판단에서 잘못 짚은 점이다. 그러나 욥이 당한 고난의 배경에 죄의 근본적인 원인이 없었다면 그 목적은 과연 무엇이었는가? 바로 이 점을 욥이 이해하려고 몸부림쳤던 것이다(왜, 순전하고 정직한 사람이 그렇게 처참하게 고통을 받아야 했는가?)…(중략)…그러나, 형벌을 겪는 무고한 자의 딜레마가 욥 자신이 이해하려고 몸부림쳤던 욥의 모형론적인 역할에 대한 단서이다. 욥의 '왜'라는 질문에 대한 대답은 모형론의 영역 안에 놓여 있다. 이 점이 욥과 그의 친구들이 그 대답을 찾으려 할 때 명확하게 보지 못했던 점이다. 다른 의미에서 의로운 고난자의 '왜?'는 답을 찾기 위한 필연적인 추구가 아니다. 예수님께서는 "나의 하나님, 나의 하나님, 어찌하여(왜) 나를 버리셨나이까?"라고 십자가에서 울부짖으셨다. 한편으로는 예수님도 물론 '왜?'에 대한 대답을 아셨지만 그 순간은 이 답을 신학화할 때가 아니었다. 그때는 완전한 고통과 하나님으로부터의 완전한 격리의 순간이었다. '왜?'에는 어떤 답이 있을 수 있겠지만, 고뇌의 정점에서의 '왜?'는 그 순간에 느낀 모든 고통, 혼돈, 그리고 버려짐을 간단명료하게 함축하여 표현한 것이다. 아마도 이것이 욥의 '왜?'를 이해할 수 있는 방법일 것이다. 욥과 친구들의 대화가 전개되면서 어떤 시점에서 욥은 그가 겪는 고난의 예언적인 목적을 반드시 이해했음을 우리는 알게 된다. 그러나 그 고난의 순간에 그는 오직 '왜?'라는 절망적인 외침만 부르짖을 수 있었다. 욥이 그 고난의 목적을 얼마나 많이 알고 있었든 간에 욥보다 더 위대하신 분(예수님), 욥보다 더 큰 고난을 받으셨던 분 역시 그 절망적인 '왜?'를 물으셨다. 그 잿더미에서 욥이 물었든 간에 혹은 십자가에서 예수님께서 물으셨든 간에 그 질문 자체는 우리에게 복음의 대답을 지목한다. 하나님의 심판 아래 고통받는 하나의 무고한 사람은(그 순간에는 전혀 이해할 수 없지만) 하나님께서 택하신 구원의 방법을 가리키고 있다.[111]

성경에 기록된 무고하게 고난받는 종의 형상은 궁극적으로 예수 그리스도를 가리키고 있다. 다시 말하자면, 메시아를 예표하는 모형론의 영역 안에서만 무고하게 고난받는 종의 목적을 이해할 수 있다. 성경에서 무고하게 고난받는 종의 형상은 그들이 군중 속에서 외롭고 쓸쓸하게 고통을 겪는 모습으로 그려진다. 또한 그들은 군중으로부터 외면과 멸시를 받았을 뿐 아니라 그들의 측근, 친구, 심지어는 가족으로부터도 외면당했다. 욥의 경우, 그의 부인조차 위로는커녕 오히려 불경을 권유했다.

"그 아내가 그에게 이르되 당신이 그래도 자기의 순전을 굳게 지키느뇨 하나님을 욕하고 죽으라(욥기 2:9)"

---

111) Williams, *The Shadow of Christ in the Book of Job*, p. 42.

또한, 그의 세 친구들은 '번뇌케 하는 안위자'였다. 그들은 욥을 위로하기보다 그의 숨겨진 죄를 찾기에 급급했다.

"이런 말은 내가 많이 들었나니 너희는 다 번뇌케 하는 안위자로구나 (욥기 16:2)"

욥 주위의 군중들은 욥을 조롱했으며 그의 얼굴에 침을 뱉기를 주저치 않았다.

"이제는 내가 그들의 노래가 되며 그들의 조롱거리가 되었고 그들은 나를 미워하여 멀리하고 내 얼굴에 침 뱉기를 주저하지 아니하나니(욥 30:9-10)"

윌리엄스는 이에 대해 다음과 같이 논한다.

친구, 가족, 혹은 다른 신자들의 위로는 고난을 조금 더 견딜 수 있게 돕는 것 중 하나이다. 일반적으로, 고난이 심각할수록 사람들은 더 큰 관심과 위로를 기대하게 되고 대부분의 사람들 곁에는 그들을 위로하는 이들이 있다. 그러나 그리스도는 최악의 고난을 겪는 중에도 그를 동정하는 사람이 아무도 없었다. 그리스도의 가장 가까운 친구들(제자들) 가운데 한 사람은 배반을 했고(마 26:14-16), 또 다른 사람은 그를 부정했으며(마 26:69-75) 나머지는 그를 버렸다(마 26:56). 성경은 그리스도가 그분

홀로 그의 애통함을 짊어지셨다는 사실을 밝히기 위해 그리스도가 어떤 위로도 없이 격리되었음을 강조한다. 그리스도는 그렇게 하셨어야 했다. 우리가 그리스도에 의해서만 구원을 받기 때문에 우리의 구세주께서도 홀로 고통을 받으셔야 했다. 구속 사역에 있어서 그 누구도 그리스도를 위로하는 공로를 받을 수는 없다. 그 어떤 진정한 동정심이나 위로도 없이, 그 독특한 고난의 경험은 욥의 체험에서 예언적으로 반영되었다. 욥의 친구들의 (정죄하는) 역할이 이 점을 밝히고 있으며 욥기의 전체적인 대화들은 이 점을 확증하고 있다. "너희는 다 번뇌케 하는 안위자로구나!"라는 욥의 절규가 그 점을 몇 마디로 간략하게 요약하고 있다.[112]

예수님은 유다 군중의 조롱 속에서 홀로 고난과 죽음을 겪으셨다. 주님은 그의 제자들에게 배반당하셨으며 가족조차도 그를 믿지 않았다.[113] 성경은 이 고난받는 종의 모습을 구약의 선지자들과 중보자로 거듭해서 강조했다.

이 고난받는 종들의 공통점은 홀로 하나님의 말씀을 전하며 이스라엘과 유다 지도자들, 그리고 거짓 선지자들의 영적 타락을 지적하다가 고난, 혹은 죽음을 당했다는 점이다. 그들은 자신들의 동족인 이스라엘과 유다의 군중 속에서 외롭게 고난을 받았다. 따라서, 이들이 예수님을 예표했던 모형들이라고 여기는 것은 당연하다. 욥기에서 드러나는 고난받는 종의 모형론적 목적에 대해 윌

---

112) Williams, *The Shadow of Christ in the Book of Job*, p. 43.
113) 마가복음 14:50; 요한복음 7:5

리엄스 박사는 다음과 같이 설명한다.

> 아마도 욥의 주변 사람들에게 욥의 고난이 즉각적으로 혹은 특별하게 모형론의 징표를 띠고 있었다고 여겨지지는 않았을 것이다. 그리고 아마 욥 자신도 그가 겪는 고난에 부여된 하나님의 목적을 완전히 이해하지는 못했을 것이다. 그러나 현재 우리 앞에 펼쳐진 하나님의 완전한 계시의 은혜로 말미암아 욥의 독특한 체험의 완전한 목적을 우리는 더욱 손쉽게 볼 수 있다. 우리는 욥기를 완전한 구속 역사적인 목적에 비추어 읽을 수 있다.[114]

④ 왕과 제사장의 형상(Royal and Priestly Image)

이미 언급했던 바와 같이, 구약에 나타난 세 개의 공적 역할 혹은 직위(three offices)는 제사장, 선지자, 그리고 왕이다. 이 세 직위의 공통점은 하나님의 백성을 위해 간구하고, 하나님의 의를 권유하거나, 하나님의 말씀을 직접 전하고, 그 백성들이 하나님의 계명에 의해 살도록 지도, 감독한다는 것이다. 이 세 직위를 다 소유하고 실행하신 분이 예수님이다. 모세가 이 세 직위를 다 소유함으로 예수님을 예표했듯이, 욥 역시 이 직위들을 수행하며 예수님을

---

114) Williams, *The Shadow of Christ in the Book of Job*, p. 48.

예표했다. 먼저, 왕과 제사장 직분을 겸하였던 욥에 대한 설명을 윌리엄스를 통해 살펴보자.

> 주 예수 그리스도가 '왕 중의 왕(계 17:14)'과 '영원한 대제사장(히 7:24)' 이시기에 그리스도의 역사적 모형은 때때로 왕과 제사장의 형상을 겸한 다…(중략)…이 직위들을 동시에 수행하는 것이 구약에서는 금지되어 있 지만 겸직이 나타난 부분에서는 모형론이 작동하고 있다. 왕과 제사장을 겸비한 형상이 역시 욥에게 드러나고 있으며 그리스도의 모형으로서의 그의 기능에 대해 더욱 자세히 드러내고 있다. 욥은 풍부하고 다양한 비 유로 그의 고난을 묘사하고 있으나 그가 자신을 왕관을 잃어버린 왕에 비유할 때처럼 강렬한 인상을 남긴 적은 없었다. "나의 영광을 벗기시며 나의 면류관을 머리에서 취하시고(욥 19:9)." 시편 89:44은 동일한 형상 을 사용해 그의 메시아를 추락하게 허락하신 하나님에 대한 시편 필자 의 고통을 서술한다("저의 영광을 그치게 하시고 그 위를 땅에 엎으셨으며"). 욥은 자기 자신을 메시아의 모습 안에서 하나님의 손에 의해 커다란 굴 욕을 당한 왕으로 그리고 있다.[115]

윌리엄스는 이어서 욥기 29장(11-17절, 25절)과 시편 72편(4절, 12-14절)을 비교하며 구약의 왕 같은 메시아의 형상에 분명하게 연 결된 모형론의 주제를 제시한다. 그중 몇 구절을 그 예로 아래에

---

115) Williams, *The Shadow of Christ in the Book of Job*, p. 57.

실어본다.

"이는 내가 부르짖는 빈민과 도와줄 자 없는 고아를 건졌음이라(욥기 29:12)"

"내가 의로 옷을 삼아 입었으며 나의 공의는 도포와 면류관 같았었느니라(욥기 29:14)"

"저가 백성의 가난한 자를 신원하며 궁핍한 자의 자손을 구원하며 압박하는 자를 꺾으리로다(시편 72:4)"

"저는 궁핍한 자가 부르짖을 때에 건지며 도움이 없는 가난한 자도 건지며(시편 72:12)"

욥기 29장 14절에서 "의로 옷을 삼아 입었으며"라는 표현도 역시 메시아적인 주제(이사야 59:17; 61:10)를 담고 있다고 생각할 수 있다. 왜냐면, 메시아로 오실 예수님 이외에는 의(righteousness)의 옷을 입을 수 있는 사람이 없기 때문이다. 욥의 제사장적인 모습은 첫 장(욥 1:5)과 마지막 장(42:8)에 분명하게 기록되어 있다. 첫 장에서 욥은 자기의 자녀들의 속죄를 위해 제사를 드리고 마지막 장에서는 그의 친구들을 위해 간구한다. 윌리엄스는 이에 대해 다음과 같이 설명한다.

욥의 생애와 고난을 그린 첫 장과 마지막 장은 그 위대함을 단계적으로 고조시킨 제사장 사역을 묘사하고 있다. 처음에 욥은 자신의 자녀들이 만일 남몰래 마음속으로 하나님을 저주했을 경우를 생각해 그들을 위한 제사를 드렸다…(중략)…욥이란 인물(character description)은 '무고한, 순전한 혹은 흠 없는(blameless)'이라는 뜻을 가진 히브리어인 'tam'이라는 단어로 서술되고, 이 히브리 단어의 파생어인 'tamin(흠이 없는, without blemish)'은 주로 레위기에서 사용된 제사 동물의 기준에서 찾을 수 있다. 즉, 욥이 '흠이 없는' 사람이고 그의 특성이 그의 제사를 받아들일 수 있게 만든다는 것은 명확하다. 일반적으로 제사장도 자신의 죄를 위해 반드시 제사를 드려야 하는데(레 16:6; 히 5:1-3) 욥기 1장에서 이 점에 대해서는 아무 말도 없다. 이러한 면에서 욥은 이야기의 첫 시작부터 '완전한 제사장의 역할을 맡았다'…(중략)…욥기의 결론에서 욥의 간구는 더 자세하고 더욱 위대하게 그려졌다. 욥이 하나님에 의해 더 높은 위치로 들려졌을 때 욥의 간구는 그의 정죄자들(세 친구들)을 위한 것이었으며, 그들에 대한 하나님의 용서는 명백하게 욥의 중보에 달려 있었다(욥기 42:8, 9).[116]

욥은 실상 완전한 제사장이 아니었다. 오직 예수 그리스도만이 죄 없는 완전한 제사장이시다. 욥은 단지 완전한 제사장의 역할을 맡음으로 앞으로 오실 완전한 제사장인 그리스도를 예표했다. 윌

---

116) Williams, *The Shadow of Christ in the Book of Job*, p. 61

리엄스는 계속해서 다음과 같이 설명한다(필자 직역).

　욥기가 욥을 완전한 제사장의 모습으로 묘사했음에도 불구하고, 욥의 역할은 그의 고난을 통해 제련(refine)되었고 들림을 받았다. 고난을 통해 완성된 중보의 모습은 그리스도의 사역에서 그 절정을 이루었다. 이는 히브리서가 가지는 주제 중의 하나이기도 하다. 그리스도는 그분의 완전한 대제사장의 정체성을 이루기 위해 고난을 겪어야 했고, 고난을 통해 순종을 배워야 했다. 히브리서 5장 7절부터 10절[117]이 그리스도에 대해 그렇게 진술한다…(중략)…욥의 울음과 눈물들을 하나님께서 들으셨고 그의 정죄자들을 위한 간구가 받아들여진다. 고난을 통해 제련된 흠 없는 제사장으로서의 욥의 모형론적인 그림이 욥기의 중심 의미이다. 그것은(흠 없는 제사장으로서의 욥의 모형론적인 모습) 더 위대하고 영원하신 대제사장이신 예수 그리스도에 대한 예언적인 기대(예표)이다![118]

---

117) "그는 육체에 계실 때에 자기를 죽음에서 능히 구원하실 이에게 심한 통곡과 눈물로 간구와 소원을 올렸고 그의 경외하심을 인하여 들으심을 얻었느니라 그가 아들이시라도 받으신 고난으로 순종함을 배워서 온전하게 되었은즉 자기를 순종하는 모든 자에게 영원한 구원의 근원이 되시고 하나님께 멜기세덱의 반차를 좇은 대제사장이라 칭하심을 받았느니라(히 5:7-10)"
118) Williams, *The Shadow of Christ in the Book of Job*, p. 62.

⑤ 선지자의 형상(Prophetic Image)

욥이 반영한 선지자의 모습은 욥기 안에 산재한다. 그리스도의 모형인 욥은 개인적으로 메시아의 고난을 반영했다. 윌리엄스는 다음과 같이 지적한다.

> 그의 말들은 장차 더욱 큰 고난을 받으실 분의 경험을 서술하는 일인칭(first-person)으로 묘사가 되었다. 또한 사람과 선지자로서 욥은 메시아에 대해 삼인칭(third-person)으로 이야기한다. 그렇게 자기 자신이 필요로 하는, 장차 오실 위대한 중보자이자 구세주에 대해 이야기했다. 따라서 욥 역시 자신이 예표하는 분을 예시했기 때문에, 모형론의 일인칭 관점과 예언의 삼인칭 관점이 상호적으로 섞여졌다.[119]

즉, 자신이 고난을 직접 경험했고(원형이신 예수님을 일인칭으로 예표) 메시아에 대해 선지자(예언자)로서 예언했다(삼인칭으로 장차 오실 예수님에 대해 예언). 윌리엄스는 다음 같이 설명한다.

> 다윗이 쓴 많은 시편도 이런 경우이다. 우리는 다윗이 일인칭으로 그리스도의 모형으로서 얘기하는 것을 듣지만, 또한, 그리스도에 대해서 혹은 그리스도를 향해 이야기하는 것을 듣는다. 유사한 동력(dynamic)이

---

119) Williams, *The Shadow of Christ in the Book of Job*, p. 64.

이사야의 웅장한 일곱 개의 노래(magnificent Seven Songs of Isaiah)에서 발견된다. 하나님과 예언자의 목소리가 합쳐진 가운데 고난받는 종이 얘기를 하고 예언자가 그 종에 대해 얘기를 한다. 메시아의 고난에 대한 일인칭의 서술이, 구세주에게 울부짖는 욥의 삼인칭 목소리에게 압도된 것 같은 일이 욥기에도 묘사된다. 욥 자신이 완전한 대제사장을 묘사할 때도 그는 고난받는 종으로서 하늘과 땅 사이의 이 중보자에 대한 그 자신의 필요를 절실하게 의식하고 있다. 그러므로, 장차 오실 중보자에 대한 욥의 예언적인 선포는 바로 그 중보자를 예표하는 자신의 역할을 완전하게 보충하고 있다. 이렇게 욥이 실제의 완전한 제사장이 아니라 단지 그분(앞으로 오실 진정한 중보자)의 그림자에 불과하다는 것이 명백해졌다. 욥의 예언자적인 관점에서 그가 가리키고 있는 원형은 아직 오지 않았다. 세 개의 핵심 구절이 오실 중보자의 주제를 함께 묶고 있다. "하나님은 나처럼 사람이 아니신즉 내가 그에게 대답함도 불가하고 대질하여 재판할 수도 없고 양척 사이에 손을 얹을 판결자도 없구나(욥 9:32-33)." 이것이 '중보자'라고 말한 욥의 첫 번째 언급이다. 욥은 그와 하나님 사이를 중재할 만한 존재의 명확한 결핍에 절망하는 것처럼 보이지만, 우리가 보듯 중보자가 확실하게 존재한다는 그의 인식이 욥기가 전개될수록 더욱 강해진다. 여기에서 욥은 중보자에 대한 인간의 필요를 강조하고, 중보자가 없다면 그의 역경이 얼마나 절망적인가에 대한 불안한 생각에 잠시 주춤한다.[120]

---

120) Williams, *The Shadow of Christ in the Book of Job*, p. 64.

선지자는 미래에 대한 예언을 전했을 뿐만 아니라, 하나님의 말씀을 그 당시의 백성들에게 직접 전하기도 했다. 구약 대부분의 경우에는 하나님의 백성들이 잘못을 저지를 때 그들을 옳은 길로 인도하시기 위해 하나님은 선지자를 통해 경고와 위협의 말씀을 보내셨다. 또한 모형론 안에서 거의 모든 예표의 대상은 장차 오실 그리스도였기에 많은 선지자들이 장차 오실 중보자이신 그리스도를 가리켰다(심지어 모세 오경의 의식법, 성막, 언약궤 역시 그리스도를 예표한다). 욥 자신이 직접 겪은 무고한 고난을 통해 그리스도의 무고한 고난을 예표한 것(일인칭)과 그 고난 속에서 중보자의 절대적인 필요를 절규함(삼인칭)은 욥의 선지자적인 역할을 지적하고 있다. 그러므로 욥의 왕, 제사장, 선지자로서의 종합적인 그림이 장차 오실 그리스도를 예표하고 있음을 더욱 강조한다.

또한, 주님께서는 그가 택하신 백성을 위해 일반적인 종교관으로 상상할 수 없는(무고한 고난을 통한) 하나님의 원대한 구원 사역을 이방인인 욥과 그의 세 친구와 엘리후의 대화를 통해서 우리에게 알려주신다. 욥은 원형이신 예수 그리스도를 예표하고 욥의 친구들(엘리후를 포함)은 정죄하는 유대인들을(특히 제사장 같은 지도자들) 예표하였다.

10
그리스도인의 진정한 믿음

✦ 현대를 사는 신자들과 무고한 고난의 관계

현대 교인들의 믿음과 구원에 대한 생각은 말씀이 증거하는 바와 때론 상충한다. 우리는 이미 앞에서 욥의 순전한 믿음과 무고한 고난에 대해 살펴보았다(9장). 그렇다면 무고한 고난이 택자들의 삶에 어떻게 적용되는 것일까? 사도 바울은 골로새서 1장 24절에서 다음과 같이 선언한다.

> "내가 이제 너희를 위하여 받는 괴로움을 기뻐하고 그리스도의 남은 고난을 그의 몸된 교회를 위하여 내 육체에 채우노라"

사도 바울은 그가 골로새인들에게 복음을 전파하기 위해 받은 고난으로 인해 기뻐하고 있다. 그가 선포한 "그리스도의 남은 고난을 그의 몸된 교회를 위하여 내 육체에 채우노라"라는 말은 무엇을 뜻하고 있는가? 그리스도께서 십자가 구속 사역을 위해 필요한 모든 것을 충족하는 데 있어서 그의 남은 고난은 대체 무엇인가?

이 질문에 대한 크리스토퍼 애쉬의 설명은 다음과 같다.

> 기독교인들은 고난을 겪는다. 바울은 "그리스도의 남은 고난을 그의 몸된 교회를 위하여 내 육체에 채우노라"라고 담대하게 자신의 고난을 진술한다. 우리가 그와 함께 영광을 받기 위하여 고난도 함께 받아야 될 것이다(롬 8:17). 기독교인의 제자도에는 그리스도의 고난에 참예함과 그 분의 죽으심을 본받는 것이 존재한다(빌 3:10). 우리의 죄와 그것이 포함하는 모든 것이 십자가에 의해 사함을 받았기 때문에 이 모든 고난을(그리스도의 고난에 참예함과 그 분의 죽으심을 본받음) 받기에 타당치는 않다. 하지만, 이 고난은 필요하다…(중략)…이는 "하나님께서 택하신 자들을 위한 것이다(딤후 2:10)." 이 점을 이해함이 우리가 욥의 고난이 궁극적인 그리스도의 고난을 예표하고 있음과 또한 기독교인들의 고난에서 지속되고 있음을 볼 수 있게 만든다(필자 직역).[121]

주님은 제자들에게 주님의 이름 때문에 핍박과 채찍질과 심지어는 죽임도 당할 것을 경고하셨다(마 23:34). 신자들 역시 그리스도를 따르며 그리스도를 닮아가는 과정에서 그리스도와 그분의 복음을 위해 그리스도의 남은 고난을 자신들의 몸에 채우며 주님의 교회를 세워야 한다. 이 남은 고난은 직분자뿐만 아니라 모든 신자들에게도 채워져야 한다. 모든 성도가 복음 전도의 사명을 받았

---

121) Christopher Ash, *Job: The Wisdom of the Cross, Preaching the Word*(Wheaton: Crossway, 2014), pp. 114-115.

기 때문이다. 그리스도께서 우리에게 남겨주신 몫을 개개인의 택자가 복음 전도(마 28:19-20)의 과정 속에서 무고한 고난을 통해 각각의 몸에 채울 때, 그리스도의 몸인 교회가 채워지게 된다. 요약하자면, 무고한 고난은 그리스도의 구속 사역뿐만 아니라 복음 확장의 역할을 맡은 택자들의 삶 속에서 나타나야 하는 과정이다. 더불어, 하나님께서 허락하시는 이 무고한 고난은 신자들을 정금 같이 단련시키며 개인의 성화를 북돋울 것이다.

필자는 고난을 쫓으며 살아갈 용기가 없다. 죽음의 위협 앞에서 담대하게 순교할 자신도 없다. 그러나, 주님은 신자가 겪을 고난을 분명하게 경고하셨다. 따라서 필자가 할 수 있는 기도는 이렇다. "제가 그런 용기 없는 신자임을 주님께서 아십니다. 고난을 적극적으로 겪을 용기는 없지만, 만약 고난을 겪어야만 한다면 그 고난을 감당할 수 있는 믿음을 주옵소서." 필자는 스스로도 교회만 출석하는 행복한 교인이 아니라, 그리스도의 고난에 참예하는 거룩한 신자가 되기를 간절히 원한다. 하나님께서 진정한 믿음을 주신 신자라면 그 어떠한 고난도 극복할 수 있음은 자명하다. 그렇다면 마지막으로 신자가 구해야 할 진정한 믿음에 대해서 함께 고민할 필요가 있을 것이다. 고난도 이겨낼 수 있는 믿음은 무엇일까? 믿음의 여러 가지 요소들 중에서 필자가 고민하며 정리한 네 가지 정도를 소개한다.

① 진정한 믿음은 성경적이어야 한다.

믿음은 인간이 만든 전설이나 미신에 기반한 허무맹랑한 맹신이 아니다. 믿음은 말씀에 기초하고 역사적인 사실에 근거한다. 스프로울 박사도 "기독교는 신화와 전설에 기초한 것이 아니라, 자신의 눈으로 보고 귀로 들은 자들의 증거에 기반을 둔다"라고 말한다.[122] 사도행전 1장 9-10절은 이를 이해하는 데 도움을 줄 수 있다.

> "이 말씀을 마치시고 저희 보는 데서 올리워 가시니 구름이 저를 가리워 보이지 않게 하더라. 올라가실 때에 제자들이 자세히 하늘을 처다보고(they looked steadfastly toward heaven as he went up) 있는데 흰옷 입은 두 사람이 저희 곁에 서서"

예수님께서 하늘로 올라가실 때, 제자들이 자세히 보았다는 사실은 신화나 우화의 가능성을 전적으로 배제한다. 예수님께서는 모든 제자들의 이목이 집중된 상황에서 하늘로 올라가셨다. 예수님의 의도적인 승천은 제자들이 직접 목격했고 증언한 역사적 사실이다. 제자들의 모든 증언은 예수님의 승천 사건을 목격함을 확증했다. 이와 같이, 신자의 믿음 역시 사람이 만들어낸 이야기에 근거를 두지 않으며 하나님의 말씀에 반드시 기초를 두어야 한다.

---

122) 스프로울, 『기독교의 핵심 진리 102가지』, p. 201.

웨스트민스터 신앙 고백서 14장 1항 역시 믿음의 은사가 말씀의 증거에 의해 역사한다고 강조한다.

② 진정한 믿음은 구원적 믿음으로 먼저 이해되어야만 한다.

하나님께서는 택자들에게 구원에 이르는 믿음만을 주셨다. 북미 주개혁장로교회 헌법(14장 1항)은 구원에 이르는 신앙에 대해 다음과 같이 정리한다.

> 구원에 이르는 믿음은 삼위일체 하나님의 선물이다. 택자(God's elect)들이 믿음으로 그리스도께 연합되는 것은 성부 하나님의 뜻이다. 성자 하나님은 그분의 죽음으로 택자들의 구원을 위해 받는 믿음의 근거를 마련하셨다. 그리고 성령 하나님은 그 택자들을 중생시키셔서 그들이 믿음으로 예수 그리스도를 구세주로 영접할 수 있게 하셨다(롬 3:25-26, 1:16-17, 8:28-29; 골 2:12; 빌 1:29; 살후 2:13; 벧전 1:3; 엡 1:3-14).

구원에 이르는 믿음은 단지 성경에 나와 있는 사실에 동의하는 것으로 끝나지 않는다. 우리의 신앙은 "단지 성경이 역사적으로 정확하다는 것과 성경의 교리가 사실이라는 것에 동의"하는 정도가 결코 아니고 그 이상이어야 한다(야고보서 2장 19절).[123] 진정한 믿음

---

123) *The Constitution of the Reformed Presbyterian Church of North America*, 14.7

을 가진 신자는 자신을 구원으로 이끌어준 복음을 언제 어디서나 부끄러워하지 않는다. 믿음으로 구원에 이른 이들은 예수님을 부인하지 않고 그분을 증거한다. 구원의 의미와 구원의 가치를 아는 이들은 이제 믿음으로 살아가게 되는 것이다.

③ 진정한 믿음은 자신의 모든 것을 내어놓는다.

누가복음 14장 26-33절에서 예수님이 제자의 삶에 대해서 말씀하신다. 본문에서 사용된 '제자'라는 단어는 열두 사도들에게만 제한되지 않았다. '마떼테스(μαθητὴς)'라는 이 헬라어 단어는 영어로 'learner', 'pupil', 또는 'disciple' 등으로 번역이 가능하다. 즉, '배우는 사람', '제자', 혹은 '학생'의 뜻을 넓게 내포한다. 따라서 이 '제자'라는 단어는 모든 교인이 아니라 '신자', 즉 택자를 가리키고 있다. 성경을 모르고는 신자가 될 수 없기 때문이다.

또한 누가복음 14장에는 매우 무서운 내용이 담겨 있다. 26절에서 주님은 자신들의 친지는 물론 자신들의 목숨까지 내놓을 수 있는 절대적인 순종을 신자들에게 요구하신다. 이어지는 27절에서도 예수님은 신자들에게 모든 핍박, 박해, 조롱, 그리고 죽음까지도 감당하며 자기의 십자가를 지라고 말씀하신다. 예수님은 자신을 따르는 것을 망대를 세우는 것에 비유하신다(28-30절). 주님을 추종하는 데는 수많은 핍박과 어려움이 따르기 때문이다. 데마와 같이 세상을 사랑한다면 중도에 하차하게 될 것이다(딤후 4:10). 신자는 믿음의 경주 중간에 포기해서도 안 되고, 포기할 수도 없다. 자신이 가진 모든 것을 내놓는 신자에게는 결코 다른 선택지가 존재하지 않는다(33절). 특별히, 31절과 32절에서 비유된 왕의 전쟁은 신자들과 마귀의 영적 전쟁으로 볼 수 있다. 신학자 길은 그의 성경 주석에서 진정한 신자를 그리스도의 의로움의 옷을 입은 왕이라 칭하고 있다. 이 세상은 마귀에게 속해 있기에 신자들은 매일의 영적 전쟁 속에서 핍박과 박해를 감당한다. 그러나 성령님이 함께 하시는 신자들은 최후의 땀 한 방울, 피 한 방울까지 이 땅에서 흘리며 최후 승리를 목표로 한다. 그렇게 신자는 모든 것을 걸고 주님의 뜻을 좇아야 한다. 다른 선택이 없다. 주님께서는 33절에서 모든 소유를 버리지 않으면 주님의 제자가 될 수 없다고 하셨다. 신자는 그저 즐거운 종교생활을 하며 막연한 믿음으로 세상과 교회 양쪽에 발을 걸쳐놓고 살아갈 수 없다. 신자는 억척스럽고 악착같이 주님의 옷깃을 움켜쥐며 신앙으로 살아가는 것이다. 신자는 종교생활이 아니라 신앙생활을 해야 하는 것이다.

④ 진정한 믿음은 격렬하다.

마태복음 11장 12절은 "천국은 침노를 당하나니 침노하는 자는 빼앗느니라"라고 기록한다. 여기서 사용된 '침노(하다)'의 헬라어는

'비아조(βιάζω)'인데, 대부분의 영어 성경은 'violent(violence), by force'로 번역한다. 따라서, 이 단어는 '힘을 사용하다', '폭력을 가하다', '격렬하다', '난폭하다'의 뜻을 나타낸다. '폭력과 같은 격렬한 열정과 극도의 노력으로 추구하다'라는 사전적 의미와 함께 이 구절을 우리가 이해할 수 있다. 키니어(Kineer) 교수는 그 의미를 다음과 같이 설명한다.

천국은 폭력적인 강한 힘이다. 예수님은 마귀들을 물리치시고, 병을 고치시고, 죽은 자를 살리시는 등 여러 이적들을 보이셨다. 인자의 힘은 강력하다. 하나님의 나라는 전쟁에서 사용되는 무기의 측면에서가 아니라, 경건한 의로움을 격렬하게 행하는 측면에서 폭력적이다. 가나안 여자는 "개들도 제 주인의 상에서 떨어지는 부스러기를 먹나이다"라는 강력한 표현으로 딸의 치유를 받아냈다. 따라서, 예수님께 오는 자는 격렬하고 폭력적인 믿음을 가지고 나아온다. 문둥병자가 예수님께 와서 엎드리어 간구했고, 혈루증으로 앓는 여인은 예수님의 옷에 손을 댔고, 눈먼 자는 "다윗의 자손이여 우리를 불쌍히 여기소서"라고 소리를 질렀으며, 백부장은 자기의 종을 치유해 달라고 간구하였다. 이들은 폭력적인 믿음으로 예수께 왔다. 그들의 믿음은 "나는 예수님이 반드시 필요하다"라는 격렬한 믿음, 즉 폭력적인 믿음이었다. 예수님께 나아오는 자들에게 요구되는 믿음이다. 예수님 외에는 그 어느 것도 필요 없다는 그런 폭력적인 믿음이다.

키니어 교수가 예로 든 이러한 폭력적인(격렬한) 믿음의 소유자들 대부분은 그 당시 유대 사회에서 천시받았던 이방인, 문둥병자, 소경, 과부 등 낮은 자들이다. 격렬한 믿음을 가진 자들 중에는 당시 종교 지도자들이었던 바리새인들이나 제사장들은 한 명도 포함되지 않았다. 종교 지도자들은 그들이 세워놓은 종교 시스템과 거기서 오는 안이함과 교만에 빠져 스스로의 구원에 대해 조금도 의심하지 않았다. 그들은 성전 중심의 예배를 통한 율법주의의 울타리 안에서 자신들의 구원을 확신했다. 그들은 구원이 하나님의 은혜에서 나오는 선물임을 알지 못했다. 현재 교회를 다니는 우리들은 어떠한가? 우리는 위에서 언급한 폭력적인 믿음의 소유자인가? 아니면 구원을 확신하며 자만했던 유대 지도자들인가?

성도에게 찾아오는 영적 위기는 규칙적인 종교 활동 속에서 "이 정도면 괜찮아"라고 자족할 때 찾아올지 모른다. 이러한 영적 자만은 분명 사탄의 역사이다. 사탄은 에덴동산 이후에도 계속해서 성도가 넘어지도록 공격한다. 그렇기에 성도는 자만과 나태에 빠질 여유가 없다. 사도 바울이 전한 "두렵고 떨림으로 너희 구원을 이루라(빌립보서 2:12)"는 명령은 오늘을 사는 모든 성도들에게도 유효하다. 고인 물이 점점 썩어가듯이, 습관적인 종교생활은 성도의 영성을 썩게 만든다. 하나님을 향한 간절함이 배제된 습관적 종교생활은 점점 더 성도의 영성을 갉아먹을 것이다. 그렇기에 하나님을 향하여 격렬하게 전투하는 신앙생활이 성도에게 요구된다. 폭력적으로 격렬하고 간절한 믿음으로 성도는 성화를 이뤄간다. 성도는 이 폭력적인 믿음을 가지고 매 순간을 두렵고 떨리는 마음으로 살아가며 구원을 이룬다. 성도는 미지근한 믿음의 소유자가 아니라 맹수 같은 믿음의 소유자이다.

✦ 믿음의 증거

현대의 기독교인들은 자신들의 믿음에 대해 지나친 자신감을 갖고 있는 듯하다. 또한, 예수를 믿는다는 짧은 고백만으로 천국을 보장받는다고 단언한다. 그러나 성경에서 말하는 믿음은 그렇게 단순하지 않다. 특별히 믿음은 그 증거를 동반해야 한다.

> "내 형제들아 만일 사람이 믿음이 있노라 하고 행함이 없으면 무슨 유익이 있으리요 그 믿음이 능히 자기를 구원하겠느냐 만일 형제나 자매가 헐벗고 일용할 양식이 없는데 너희 중에 누구든지 그에게 이르되 평안히 가라, 덥게 하라, 배부르게 하라 하며 그 몸에 쓸 것을 주지 아니하면 무슨 유익이 있으리요 이와 같이 행함이 없는 믿음은 그 자체가 죽은 것이라(야고보서 2:14-17)"

본문에서 야고보는 구원이 예수님을 믿는 믿음에 의해서인지, 또는 율법을 지키는 행위에 의해서 가능한지를 논쟁하는 게 아니다. 야고보는 이 편지의 수신자들이 구원은 믿음을 통해서 받는다는 기본 교리를 인지한다는 전제하에 글을 쓰고 있다. 그렇기에 본문에서는 구원의 필수 요소를 논하는 것이 아니라, 어떤 믿음이 살아 있는 믿음이고 진정한 믿음인가를 설명하고 있다. 야고보는 중요한 예를 들어 논지를 설명한다. 형제나 자매가 입고 먹을 것이 없을 때, 실질적인 도움 대신 입으로만 그들을 위로하는 자들은 거짓된 믿음만을 소유하고 있다는 것이다(본문에서의 '형제나 자매'는 일차적으로 같은 기독교인을 가리킨다). 야고보 사도의 강권이 담긴 말씀은 우리의 행동하는 믿음이 불가능하지 않다는 것을 의미한다. 야고보 사도는 성도들에게 거창한 종교 행위를 통해 살아 있는 믿음을 증거하라고 요구하지 않는다. 성도가 삶에서 드러내는 행하는 믿음을 요구하고 있다. 예수님 역시 마태복음 25장 31-46절을 통해 야고보와 유사한 경고를 우리에게 주신다. 이 마태복음의 말씀은 필자를 가장 두렵게 하는 성경 속 경고 중의 하나이다.

"인자가 자기 영광으로 모든 천사와 함께 올 때에 자기 영광의 보좌에 앉으리니 모든 민족을 그 앞에 모으고 각각 구분하기를 목자가 양과 염소를 구분하는 것같이 하여 양은 그 오른편에 염소는 왼편에 두리라 그 때에 임금이 그 오른편에 있는 자들에게 이르시되 내 아버지께 복 받을 자들이여 나아와 창세로부터 너희를 위하여 예비된 나라를 상속받으라 내가 주릴 때에 너희가 먹을 것을 주었고 목마를 때에 마시게 하였고 나그네 되었을 때에 영접하였고 헐벗었을 때에 옷을 입혔고 병들었을 때에 돌보았고 옥에 갇혔을 때에 와서 보았느니라 이에 의인들이 대답하여 이르되 주여 우리가 어느 때에 주께서 주리신 것을 보고 음식을 대접하였으며 목마르신 것을 보고 마시게 하였나이까 어느 때에 나그네 되신 것을 보고 영접하였으며 헐벗으신 것을 보고 옷 입혔나이까 어느 때에 병드신 것이나 옥에 갇히신 것을 보고 가서 뵈었나이까 하리니 임금이 대답하여 이르시되 내가 진실로 너희에게 이르노니 너희가 여기 내 형제 중에 지극히 작은 자 하나에게 한 것이 곧 내게 한 것이니라 하시고 또 왼편에 있는 자들에게 이르시되 저주를 받은 자들아 나를 떠나 마귀와 그 사자들을 위하여 예비된 영영한 불에 들어가라 내가 주릴 때에 너희가 먹을 것을 주지 아니하였고 목마를 때에 마시게 하지 아니하였고 나그네 되었을 때에 영접하지 아니하였고 헐벗었을 때에 옷 입히지 아니하였고 병들었을 때와 옥에 갇혔을 때에 돌보지 아니하였느니라 하시니 그들도 대답하여 이르되 주여 우리가 어느 때에 주께서 주리신 것이나 목마르신 것이나 나그네 되신 것이나 헐벗으신 것이나 병드신 것이나 옥에 갇히신 것을 보고 공양하지 아니하더이까 이에 임금이 대답하여 이르시되 내가 진실로 너희에게 이르노니 이 지극히 작은 자 하나에게 하지 아니한 것이 곧 내게 하지 아니한 것이니라 하시리니 그들은 영벌에, 의인들은 영생에 들어가리라 하시니라"

양과 염소와의 비유를 통해 주님께서는 성도들이 실제적으로 실천하고 감지할 수 있는 가장 기본적인 믿음의 징표 중 하나를 알려주신다. 본문은 주님의 날, 즉 심판의 날을 그리고 있다. 이 상황에서 특이한 점은 진정한 신자와 거짓 신자를 구별하고 있다는 점이다. 모든 인류에 대한 심판이 아니라, 교인들에 대한 심판을 묘사하고 있다는 사실이다. 32절에 기록된 '모든 나라'는 단순하게 전 인류를 지칭한다고 오인할 수도 있다. 그러나 여기서의 '모든 나라'는 기독교인이라고 공언하는 모든 민족들을 나타내고 있다. 그 이유는 44절에서 염소들로 표현된 이들 역시 다른 양들과 같이 임금님(예수님)을 '주(The Lord)'라고 부르기 때문이다. 따라서 여기에 모인 모든 민족, 즉 기독교인이라 공언하는 모든 교인들을 주님께서는 두 가지의 종류, 양과 염소로 구분하고 계신다. 양과 염소는 얼핏 봐서는 비슷하지만 분명히 다른 동물들이다. 진정한 기독교인과 거짓 기독교인들의 차이도 심판의 날에는 분명하게 드러난다. 거짓 기독교인은 영벌로, 진정한 기독교인들은 영생으로 들어간다고 주님이 말씀하신다. 그러므로 우리 개개인은 이 말씀 앞에서 두려움을 가지고, 겸손하게 자신의 믿음의 상태를 점검해야 할 것이다. 그리고 우리 삶의 모습 속에서 믿음의 증거들이 발견되고 있는지 고민해야 할 것이다. 40절에 기록된 "내 형제 중에 지극히 작은 자 하나에게 한 것이 곧 내게 한 것이니라"라는 말씀을 통해 예수님은 성도들에게 진정한 믿음의 증거를 요청하고 계신다. 물론 이것이 유일한 믿음의 증거는 아니다. 그러나 지극히 작은 자, 영적으로 연약한 자, 육신의 도움이 필요한 이들을 실제적으로 돕는 삶의 모습은 성도의 가장 기본적인 자세라고 할 수 있다. 고아, 과부, 나그네, 궁핍한 자를 도우라는 말씀은 구약 성경에서도 빈번하게 기록되어 있다.

"여호와께서 객을 보호하시며 고아와 과부를 붙드시고 악인의 길은 굽게 하시는도다(시편 146:9)"

"과부와 고아와 나그네와 궁핍한 자를 압제하지 말며 남을 해하려 하여 심중에 도모하지 말라 하였으나(스가랴 7:10)"

구약의 이스라엘은 하나님의 선민이자 교회 국가로 간주된다. 여기에 나타난 고아와 과부는 그 당시 이스라엘 사회에서 가장 낮은 지위에 있었다. 우리가 신앙생활하는 교회들 안에도 사회적으로는 지극히 낮게 여겨지는 형제, 자매들이 있다. 그러나 그들 역시 교회 안에서 주님의 몸의 한 지체로 우리의 가장 가까이에 있다. 믿음의 증거를 드러낼 수 있는 기회가 성도들의 삶에서 동떨어진 곳에 위치하지 않았다는 의미이다. 주변에서 시름하고 있는 형제, 자매를 외면하는 교인들에게는 과연 어떠한 믿음이 존재하겠는가? 바로 이 점에서 우리는 주님의 경고를 두렵게 받아들여야 한다. 그리고 그러한 형제자매들을 돌보는 일은 사실 가장 쉽게 시작할 수 있는 믿음의 증거라고 필자는 생각한다. 예수님께서는 우리가 행하기에 가장 쉬운 사례를 들어 믿음의 진정성을 말씀하고 계신다.

그렇다면, 진정한 믿음을 증거하는 데 있어서 가장 어려운 일은 무엇일까? 주님을 위해 자신의 목숨을 내어놓는 순교라고 필자는 생각한다. 순교는 기독교 역사 속에 수없이 남아 있다. 성경과 기독교의 역사는 순교의 역사라고 해도 과언이 아닐 것이다. 예수님께서는 구약 시대를 살았던 선지자들의 순교까지도 언급하셨다.

> "창세 이후로 흘린 모든 선지자의 피를 이 세대가 담당하되 곧 아벨의 피로부터 제단과 성전 사이에서 죽임을 당한 사가랴의 피까지 하리라 내가 너희에게 이르노니 과연 이 세대가 담당하리라(눅 11:50-51)"

우리는 아브라함의 믿음도 익히 들어왔다. 그러나 그의 아들 이삭의 믿음도 강조하지 않을 수 없다. 많은 신학자들은 이삭이 아브라함과 함께 모리아 산에 올랐을 때, 그가 이미 성년(18-37세)이었을 것으로 추측한다. 이삭이 능히 나무를 지고 산에 올라갈 수 있었기 때문이다. 아브라함이 이삭을 결박할 때에 이삭은 고령의 아버지를 제압할 수 있었다. 아무런 저항 없이 아버지에게 순종한 이삭의 모습에서 그의 믿음을 보게 된다. 우리는 아브라함의 고뇌와 믿음에 대해서는 많이 이야기하지만, 이삭의 순종과 믿음을 논하는 데에는 인색하다. 정작 죽음을 목전에 둔 사람은 이삭이었다. 아브라함의 찢어지는 심적 고뇌와 대비하여 죽음을 맞이한 이삭의 두려움이 결코 작다고 할 수 없다. 여기에서 우리는 또 다시 예수님의 모형론을 생각해볼 수 있다. 나무를 등에 짊어지고 모리아 산을 올라가던 이삭은 골고다 언덕으로 십자가를 등에 짊어지고 올라가시던 예수님을 예표한다. 하나님께 자기 목숨을 내어주기로 결심하고 순종적인 믿음을 보여준 이삭은 예수님을 예표한다. 이렇게 모리아 사건 속에서 아버지 아브라함과 아들 이삭은 아주 훌륭하게 조율된 악기의 화음처럼 아름다운 믿음의 증거를 드러낸다. 이러한 그들의 믿음의 증거가 필자의 가슴을 내리친다. 과연 나의 믿음은 무슨 증거를 보여주고 있을까?

초대 교회 당시에는 수많은 신자들이 로마의 원형 경기장에서 사자와 호랑이의 먹잇감이 되었다. 순교 당시까지도 시편을 부르던 그들의 믿음은 21세기를 살아가는 그리스도인들을 부끄럽게 만든다. 순교의 삶이라는 맥락 속에서 우리는 어찌 감히 성도라 불릴 수 있을까? 믿음의 선배들은 이 생애에서 육적인 부유함을 누리지 못했어도, 천국에서 상급을 예비하신 하나님을 바라보며 순교라는 믿음의 증거를 보여준다(히브리서 11:13, 36-40).

우리는 입술만의 믿음으로 스스로를 성도라고 부를 수 없다. 성령 하나님의 도움으로 성도의 삶에서 표출하는 믿음의 증거는 억지스럽지 않으며 그들의 삶에서 자연스럽게 우러나온다. 성도는 성령의 도움을 구하며, 쉬지 않고 기도하고, 하나님의 말씀을 지속적으로 배워나가며, 경건의 삶을 살아가도록 경주해야 한다. 그러한 준비 속에서 구제뿐 아니라 순교라는 불가능한 순종까지도 가능해질 것이라고 필자는 감히 확신한다.

마치며

　자유주의 신앙, 기복 신앙, 치유 신앙 등의 여러 왜곡된 형태의 가르침이 한국 교회 내에 팽배하고 있다. 그리고 그러한 가르침은 교인들을 신앙생활이 아닌 종교생활로 인도한다. 잘못된 말씀의 선포, 성례, 권징의 실행은 신자가 아닌 교인, 또는 이름뿐인 기독교인들만을 양산한다. 그리고 연약해진 교회들은 복음 전파의 의무와 특권을 방치하게 된다. 교회들은 그저 교회의 양적 부흥, 즉 교인의 숫자에만 몰두한다. 그 속에서 종교 활동을 하는 많은 교인들은 허울뿐인 믿음만으로도 천국에 입성할 수 있다는 오해 속에 빠지게 된다. 그러나, 성경은 이러한 '자기 마음대로' 식의 신학과 신앙을 신랄하게 꾸짖는다. 구원으로 이르는 성경적인 믿음은 우리 자신에게서 나오지 않는다. 믿음은 오직 하나님께서 오직 택자들에게 주시는 선물이다. 그리고 성도들은 그들의 삶 속에서 믿음의 증거를 동반하며, 천성을 향해 날마다 나아가는 것이다. 그 과정 속에서 진리의 기둥 역할을 하는 교회로 죄인들이 모여들고, 모두가 함께 성화의 삶을 위해 진력하는 것이다. 그러한 성도의 삶을 살아가면서 때로는 예상치 못한 무고한 고난을 겪기도 한다. 그리고 그들이 겪는 고난은 그리스도의 남은 고난으로 그분의 몸된 교회를 위해 채워진다. 그리스도께서 우리에게 남겨주신 고난의 몫이 특별히 지상 명령(마태복음 28:19-20)을 수행하는 과정 속에 일어나게 된다. 그러나 그 고난을 통해 그리스도의 몸인 교회가 채워지게 된다. 하나님께서 허락하시는 이 무고한 고난은 모든 시대의 성도들을 정금같이 단련시키고 개인적 성화를 이루는 밑거름이 되었다.

이 책은 필자가 겪은 직·간접 경험들 중에서 중요하다고 생각한 몇 가지 주제들만을 다루었다. 그렇기에 기독교 신학과 성경 전체를 말하기에는 턱없이 부족하다. 그럼에도, 책의 마지막 페이지까지 읽어준 독자들에게 바라는 것은 바른 신앙생활에 대한 고민이다. 단 한 명의 독자라도 이 책 속에 담긴 단 하나의 주제를 놓고 고민한다면 집필의 모든 수고는 쉬이 녹아내릴 것이라 확신한다.

이철규